# NOUVELLES RECHERCHES
# SUR LA POPULATION
# DE LA FRANCE.

*Cet Ouvrage se vend,*

*à Lyon*, chez les Freres Perisse, Imprimeurs-Libraires, rue Merciere.

*à Paris*, chez Louis Perisse, Libraire, Pont-Saint-Michel, au Soleil d'or.

*Les mêmes Libraires se chargeront de procurer les* Recherches sur la Population de la France, *publiées en 1766.*

# NOUVELLES RECHERCHES SUR LA POPULATION DE LA FRANCE,

AVEC

DES REMARQUES IMPORTANTES SUR DIVERS OBJETS D'ADMINISTRATION.

*Par M.* MESSANCE, *Receveur Particulier des Finances de Saint-Etienne en Forez.*

L'éloquence des Faits toujours victorieuse. *Q. C.*

A LYON,

Chez les FRERES PERISSE, Imprimeurs-Libraires, grande rue Merciere.

AVEC APPROBATION ET PRIVILEGE DU ROI.

1788.

# TABLE.

TABLEAU DE LA POPULATION DE LA FRANCE, *avec des Observations sur divers Sujets analogues.* Pag. 1

*Effets des Recherches publiées en 1766, contre le système de la dépopulation.* Ibid.

OBSERVATIONS *sur le Chapitre* IX *du Livre de l'Administration des Finances de la France, par M. Necker.* 4

I. OBSERVATION. *A qui l'on doit les connoissances que l'on a actuellement sur la Population de la France.* Ibid.

II. OBSERVATION. *De l'année commune des Naissances.* 6

III. OBSERVATION. *Du nombre par lequel il faut multiplier l'année commune des naissances pour avoir le nombre des Habitans.* 10

IV. OBSERVATION. *Dans quel cas le nombre des naissances répond à un moindre nombre d'Habitans.* 12

*Population de Saint-Maurice.* 13

*Vie moyenne des Habitans de S. Maurice de Balaruc.* 14

*Ordre de Mortalité.* 15

*Notre-Dame-des-Bains de Balaruc.* 16

*Population de Notre-Dame-des-Bains.* 17

*Vie moyenne des Habitans de Notre-Dame-des-Bains.* 18

*Ordre de Mortalité.* Ibid.

V. OBSERVATION. *Des Mariages.* 22

VI. OBSERVATION. *Si les Naissances étant plus nombreuses que les Morts, cet indice peut être trompeur.* 24

VII. OBSERVATION. *Des proportions constitutives de la Population.* 26

VIII. OBSERVATION. *Effets de la dépravation des mœurs sur la Population.* 27

IX. OBSERVATION. *Mais il est un mal existant dont on ne doit point se dissimuler les funestes effets, c'est la grande misere du Peuple des Campagnes.* 28

*Apologie de la Suppression de la Corvée en nature.* 30

*Epizootie.* 33

*Des Chenilles.* 36

*De la Misere.* 37

X. OBSERVATION. 39

---

*Nouvelles Recherches sur la Population de la France.* Premiere Partie. 43

*Population dans les Campagnes et petites Villes de la France, suivant l'année commune des Naissances de 1771 à 1780.* Nord de la France. 45

*Population dans les Campagnes et petites Villes de la France, suivant l'année commune des Naissances de 1771 à 1780.* Milieu de la France. 46

*Population dans les Campagnes et petites Villes de la France, suivant l'année commune des Naissances de 1771 à 1780.* Midi de la France. 47

*Réunion des trois précédens Tableaux.* 48

*Population des Villes principales de la France, suivant l'année commune des Naissances de 1771 à 1780.* Nord de la France. 49

*Population des Villes principales de la France, suivant l'année commune des Naissances de 1771 à 1780. Milieu de la France.* 50

*Population des Villes principales de la France, suivant l'année commune des Naissances de 1771 à 1780. Midi de la France.* 51

*Réunion des trois précédens Tableaux.* 52

*Récapitulation des deux Réunions précédentes.* 53

*De la proportion qui existe entre le nombre des Habitans des Villes principales, et le nombre des Habitans des Campagnes et petites Villes* 54

*Tableau des proportions constitutives de la Population des Campagnes et petites Villes de France, d'après les Denombremens faits dans les Généralités d'Auvergne, de Lyon et de Rouen.* 55

*Des occupations, services et fonctions des différentes Classes de la grande Famille Françoise.* 56

*Calculs pour trouver le nombre des Garçons admis au sort de la Milice dans les Campagnes et petites Villes de la France.* 61

---

*Nouvelles Recherches sur la Population de la France.* Seconde Partie. 63

*L'ignorance, cause de la diversité des opinions.* Ibid.

*Population de la Généralité d'Auvergne.* 65

*Population des Villes de Clermont et Riom.* Ibid.

*Population de la Généralité de Lyon.* 66

*Population de la ville de Lyon, aux époques de 1700, 1762 et 1786.* 67

*Population de la ville de Saint-Etienne en Forez, aux époques de 1709, 1757 et 1785.* 69

*Population de la ville de Montbrison.* 70

*Population de la ville de Roanne.* 71

*Population de la ville de Villefranche.* 72

*Population de la ville de Saint-Chamont.* 73

*Population de la Généralité de Rouen, y compris la ville de Rouen.* 74

*Population de la ville de Rouen, du Havre-de-Grace et de Dieppe.* Ibid.

*Population de la ville de Paris.* 75

*Population de la ville de Marseille et de son territoire.* 77

*Population de la ville de Toulon.* Ibid.

*Population de la ville d'Aix.* 78

*Population de la ville de Montauban.* Ibid.

*Population de la ville de Carcassonne.* Ibid.

*Récapitulation des précédens Tableaux, pour connoître l'augmentation qu'il y a dans la Population actuelle, comparée avec celle qui existoit il y a 20, 25 et 30 ans.* 79

*Ordre de Mortalité de 101534 morts tiré des Registres mortuaires de trois Paroisses de Paris, et de douze Paroisses de la Campagne* : Recherches de M. Dupré de Saint-Maur. — *Des villes de Lyon, Rouen, et du Bailliage de Lyons-la-Forêt, Généralité de Rouen* : Recherches de M. de la Michodiere. — *De la ville de S. Etienne en Forez* : Recherches de M. Messance. 80

*Lettre de M. de Voltaire à M. Messance.* 81

*Tableau de la Consommation du sel, et de son prix dans toute l'étendue de la France.* 82

*Tabac.* 83

*Du Luxe.* 84
*Si la multiplication des Fourrages et le grand nombre de Chevaux diminuent les subsistances propres à nourrir les Hommes.* 85
*Si les Villes dépeuplent les Campagnes.* 87

---

## *Nouvelles Recherches sur la Population de la France.* Troisieme Partie.

*De l'Impôt payé par les Propriétés des Nobles, et de celui levé sur les Propriétés des Cultivateurs taillables.* Ibid.
*De la Répartition de la Taille.* 93
  *Rivage du Rhône.* 98
  *Haut Lyonnois.* 99
  *Pays de Montagnes.* 100
  *Saint-Etienne et ses Environs.* 101
  *Récapitulation des quatre précédens Tableaux.* 102
*De la Répartition de la Taille par les Consuls sur les Contribuables.* 103
  *Rivage du Rhône.* 104
  *Haut Lyonnois.* 105
  *Pays de Montagnes.* 106
  *Saint-Etienne et ses Environs.* 107
  *Récapitulation des quatre précédens Tableaux.* 108
*Des Accessoires et de la Capitation des Taillables.* 109
TABLEAU *de l'Election de Saint-Etienne.* 110
*Rivage du Rhône.* 111
  *Etat des Paroisses qui composent le Rivage du Rhône.* 112
*Haut Lyonnois.* 113

*Etat des Paroisses qui composent le Haut Lyonnois.* 115

*Pays de Montagnes.* 116

*Etat des Paroisses qui composent le Pays de Montagnes.* 117

*Ville de Saint-Etienne et ses Environs.* 118

*Etat des Paroisses qui composent les Environs de Saint-Etienne.* 119

*Réunion des quatre précédens Tableaux.* 120

*Des Fabriques et du Commerce de la ville de Saint-Etienne.* 121

*Le bas prix du Charbon, cause principale de l'établissement des Manufactures de Saint-Etienne.* 124

*Si l'on doit étendre l'usage du Charbon de terre au chauffage des Villes.* 127

*Combien le prix du Charbon augmente à mesure qu'on l'éloigne de la Mine.* 129

*S'il est avantageux d'établir les Forges sur les Mines de Charbon.* 130

*Prix du Charbon dans les principales Mines de la réserve de Saint-Etienne, et hors de ladite réserve.* 131

Fin de la Table.

TABLEAU

## *Fautes à corriger.*

*Page* 68, *ligne* 19, 1431 *lisez* 2431.

*Page* 93, *lignes* 25 *et* 26, n'est autre chose qu'une population, que des productions de l'industrie, *lisez* n'est autre chose qu'une population, des productions, de l'industrie.

*Page* 112, Troisieme Vingtieme, *lisez* Trois Vingtiemes.

*Page* 115, *idem.*

*Page* 117, *idem.*

*Page* 119, *idem.*

*Page* 120, *idem.*

*Page* 130, *derniere ligne*, exigé de les établir dans d'autres endroits, *lisez* n'ont pas exigé.

# TABLEAU DE LA POPULATION DE LA FRANCE,

AVEC

DES OBSERVATIONS SUR DIVERS SUJETS ANALOGUES.

## *EFFETS des Recherches publiées en 1766, contre le Système de la Dépopulation.*

COMME le jour chasse la nuit, et la lumiere les ténebres, de même des faits bien constatés et présentés avec simplicité, en mettant la vérité à portée de tous les esprits, dissipent les erreurs et fixent l'opinion. Tel a été l'avantage que les *Recherches sur la Population*, publiées en 1766, ont eu sur tout ce qui avoit été écrit sur cette matiere avant qu'elles parussent.

Depuis on n'a plus entendu ce cri *anti-patriotique.* « La France est dépeuplée, elle est en friche, elle est sur le penchant de sa ruine ». Mais il avoit retenti pendant dix ans, et malheureusement durant toute la guerre de 1756.

L'Empereur, le Roi de Suede, le Comte du Nord, et le Frere du Roi d'Angleterre, savent par eux-mêmes, et toute l'Europe sait avec eux, que ce beau Royaume a une grande Population, une bonne Culture, des Manufactures et un Commerce florissant.

Ajoutons à toutes ces réalités, les résolutions que le Roi vient de prendre dans l'auguste Assemblée des Notables; en nous annonçant le regne de l'ordre et de la justice, elles nous promettent un avenir d'abondance et de félicité.

Veuille celui qui tient dans ses mains la destinée des Empires, réaliser tout le bien que Louis XVI veut faire à ses Sujets!

J'ai pensé qu'après une révolution de vingt années, il pouvoit m'être permis de donner une suite aux précédentes Recherches sur la Population. D'ailleurs, n'est-ce pas à l'époque des grands changemens dans l'Administration, qu'il est important de constater l'état des choses, afin de pouvoir juger au bout d'un temps, si la nouvelle maniere est préférable à l'ancienne, en comparant la situation d'alors avec celle d'aujourd'hui.

Sans doute, le livre précieux de M. Necker sur l'Administration des Finances de la France, sera une base de comparaison dans tous les siecles, et cette considération m'auroit fait abandonner mon dessein, si je n'avois pas vu des combinaisons qui lui ont échappé, ou qu'il a dédaignées, mais que je crois très-propres à abréger la besogne des Hommes d'Etat, et par conséquent de la plus grande utilité.

En outre, le Chapitre IX du premier Volume, que M. Necker

a consacré à la Population, m'a paru susceptible de quelques observations, et c'est par elles que je commencerai cet Ouvrage.

Si le Livre de l'*Administration des Finances de la France* n'eût pas paru, il est probable que celui-ci n'auroit jamais existé; ainsi, s'il a quelque mérite, et qu'il puisse être de quelque utilité, c'est un service de plus que M. Necker aura rendu à la Société.

M. Smith, dans son Livre de la *Richesse des Nations*, paroît m'avoir jugé d'après les Réflexions sur le prix des grains, imprimées à la suite des Recherches sur la Population, publiées en 1766. Je dois dire que ces Réflexions ne sont point à moi.

# OBSERVATIONS

## *Sur le Chapitre IX du Livre de l'Administration des Finances de la France, par M. Necker, Tom. I.*

### I. OBSERVATION.

*A qui l'on doit les connoissances que l'on a actuellement sur la Population de la France.*

En 1756, le Livre de *l'Ami des Hommes* parut, et presque tout le monde, sur la parole de l'Auteur, crut à la dépopulation de la France.

M. de la Michodiere, alors Intendant d'Auvergne, pour juger du mérite de cette assertion, fit la recherche des Naissances, Mariages et Morts, depuis 1690 jusqu'à 1699, et depuis 1747, jusques et compris 1756. Appellé aux Intendances de Lyon et de Rouen, en 1757 et 1762, il y fit les mêmes recherches.

Attaché à sa Personne, en 1759, en qualité de son Secrétaire de Cabinet, il me chargea spécialement de suivre ces recherches.

En 1763, devant passer la belle saison au Château de Crosne, je formai le dessein d'y mettre ces recherches dans un certain ordre, et de les présenter en corps d'Ouvrage à M. de la Michodiere, comme un tribut de ma reconnoissance.

Je n'avois pas encore fini la partie de l'Auvergne, lorsqu'un jour M. de la Michodiere, entrant dans ma chambre, me surprit sur ce travail. Il l'approuva, et m'exhorta à le continuer: je le portai beaucoup plus loin que je n'avois d'abord imaginé; les combinaisons se multipliant à mesure que j'avançois, elles me donnerent un grand nombre de résultats.

Mon travail fini, et étant sur le point de quitter M. de la Michodiere, pour exercer la charge de Receveur des tailles à Saint-Etienne, ce Magistrat voulut que je fisse imprimer cet Ouvrage sous mon nom. Je le donnai donc au Public en 1766, sous le titre de *Recherches sur la Population.*

Ce n'est que postérieurement que le Goûvernement a demandé aux Intendans, et ceux-ci aux Curés, l'état annuel des Naissances, Mariages et Morts.

Je n'ai point connoissance qu'il ait été fait des dénombremens d'habitans par l'ordre du Ministere, et je suis bien assuré du moins que cette opération n'a pas eu lieu dans la Généralité de Lyon, depuis que M. de la Michodiere a quitté cette Intendance.

Il est donc bien démontré que c'est aux Recherches, publiées en 1766, que l'on doit les connoissances acquises sur la Population de la France.

## II. OBSERVATION.

### *De l'Année commune des Naissances.*

LA premiere Naissance représenta *trois personnes*, le Pere, la Mere et leur premier Né; la seconde, *quatre;* la troisieme, *cinq;* et ainsi de suite, jusqu'à ce que la Population étant parvenue à peu près au niveau des subsistances que la terre peut lui fournir, il s'établit dès-lors un nouvel ordre de choses.

Lorsque le nombre des hommes est à cette mesure, la Population cesse d'être croissante, elle devient stagnante, et le moyen de la propagation se balance avec le moyen de la destruction, cependant avec un excédent des naissances sur les morts, pour réparer les pertes qu'occasionnent les guerres et les maladies épidémiques.

Dans les lieux où les morts surpassent constamment les naissances, il y a vice local, et si l'on ne peut y remédier, cette Population ne pourra se sauver d'une destruction totale que par l'émigration. Vouloir la recruter sans cesse, ce seroit de sang froid, commettre autant d'homicides qu'on y enverroit d'individus; ce seroit dépeupler à la fois, et le pays d'où on les tireroit, et celui où on les feroit passer.

La France peut être considérée comme très-proche de l'état de stagnation; de 1771 à 1780 les naissances ont été supérieures aux morts, d'environ cent vingt mille. Ce qui est la deux-centieme partie de sa Population, en la supposant de vingt-quatre millions d'ames. C'est un fonds qui s'accumule pour disparoître dans la guerre, ou dans les grandes mortalités.

Si sa culture, si son industrie se perfectionnent et s'étendent encore, elle se peuplera davantage; si au contraire ses productions et son travail diminuent, le nombre de ses habitans diminuera aussi; mais pour être averti de l'un et de l'autre, il ne faut pas perdre de vue les Etats des Naissances, Mariages et Morts.

La Population une fois formée en grande masse, on peut la comparer à une grande plantation d'arbres, dont la loi est de se reproduire par ses fruits, de maniere que les nouveaux rejetons remplacent les arbres qui meurent.

Aucune production n'est semblable tous les ans en quantité; il y a même de grandes variations d'une année à l'autre.

Pour se procurer ce qu'on appelle une année commune, il faut donc s'assurer de la production d'un grand nombre d'années, et le moindre qu'on puisse admettre, c'est dix ans.

### EXEMPLE.

| | | |
|---|---|---|
| Les Naissances de la France ont été en | 1771 . . . | 913214 |
| | 1772 . . . | 905580 |
| | 1773 . . . | 900438 |
| | 1774 . . . | 939608 |
| | 1775 . . . | 934480 |
| | 1776 . . . | 939074 |
| | 1777 . . . | 998191 |
| | 1778 . . . | 932800 |
| | 1779 . . . | 956667 |
| | 1780 . . . | 989306 |
| | | 9409358. |
| L'année commune est de | . . . . . . | 940935. |
| La premiere année (1771) a été au dessous de ce nombre de | | 27721 |
| La deuxieme de | . . . . . . . | 35355 |
| La troisieme de | . . . . . . . | 40497 |
| La quatrieme de | . . . . . . . | 1327 |
| La cinquieme de | . . . . . . . | 6455 |
| La sixieme de | . . . . . . . | 1861 |
| Et la huitieme de | . . . . . . . | 8135 |
| Total des différences en moins | . . . . . | 121351 |
| La septieme a été supérieure de | . . . . . . | 57256 |
| La neuvieme de | . . . . . . . | 15732 |
| La dixieme de | . . . . . . . | 48371 |
| Total des différences en plus. | . . . . (*) | 121359. |

(*) Cet excédent de 8 est le dernier chiffre supprimé en prenant l'année commune.

En se servant des cinq dernieres années pour former l'année commune des naissances, on auroit 121000 naissances en plus, et seulement 10000 en moins; par conséquent, trois années d'abondance, et deux très-approchantes du terme moyen. Or ce ne seroit point avoir réuni assez de variations pour former une véritable année commune.

D'ailleurs, si des causes quelconques ont donné lieu à ce grand excédent subit des Naissances, dans les septieme, neuvieme et dixieme années, des causes contraires peuvent produire une grande diminution subite dans les années qui vont suivre; sans que pour cela la masse de la Population soit augmentée ou diminuée du nombre d'habitans que donneroit en plus ou en moins, le nombre de naissances multiplié par 25.

Les 120 mille Naissances qu'il y a année commune de plus que de Morts, multipliées par 25, représentent 3 millions d'habitans, ou la huitieme partie de la masse totale de la Population, et l'on vient de voir que ces 120 mille Naissances n'en sont réellement que la deux-centieme partie: au premier coup d'œil, cela paroît un paradoxe; mais si l'on fait attention que ces 120 mille Naissances sont partie de l'année commune qui a donné par la multiplication de 25, les 24 millions d'habitans, le paradoxe disparoît.

D'après ces observations, seroit-il admissible de former une année commune sur les cinq dernieres années pour se donner une base qui doit servir à des calculs dont le sort de l'Etat va dépendre.

Si ces calculs sont relatifs à la composition des Armées, ayant porté la Population au dessus de la réalité, on laissera moins de Cultivateurs aux Campagnes, et moins d'Ouvriers aux Manufactures, etc.

Si

Si ces calculs sont relatifs à des droits à percevoir sur les objets de consommations, en portant le produit trop haut, et réglant là-dessus ses dépenses, on aura annuellement un vuide qui bientôt formera un déficit.

En restant au dessous de la réalité, le contraire arrivera, on aura plus d'hommes et plus de revenus qu'on ne croyoit; et certes, ce dernier état est bien préférable au premier; l'un produit la gêne, et l'autre l'aisance.

Il y auroit donc de grands inconvéniens à former l'année commune des Naissances, sur cinq années, et tout invite à ne jamais s'écarter de la regle de la former au moins sur dix ans.

## III. OBSERVATION.

*Du Nombre par lequel il faut multiplier l'Année commune des Naissances, pour avoir le nombre des Habitans.*

CE nombre a été déterminé pour les Généralités d'Auvergne, de Lyon et de Rouen, par les deux opérations qui pouvoient seules le donner. Il s'est trouvé être pour la Généralité d'Auvergne . . . . . . . . . . 25.

Pour la Généralité de Lyon . . . . . . 24.

Et pour la Généralité de Rouen . . . . . 27 $\frac{1}{2}$.

En additionnant ces trois Nombres, et prenant le $\frac{1}{3}$, on a 25 $\frac{1}{2}$.

Si l'on additionne les habitans comptés tête par tête dans ces trois Généralités, et qu'on les compare à leur année commune des Naissances, on aura le nombre 26.

On auroit donc pu, en attendant mieux, présenter pour terme moyen le nombre 26 ou 25 $\frac{1}{2}$, pour déterminer par l'année commune des Naissances, la Population de tout le Royaume.

Mais en considérant que sur trois Généralités, il y en a deux qui ne présentent l'une que 25, et l'autre que 24, contre la troisieme qui présente le nombre 27 $\frac{1}{2}$, on a pensé qu'on ne devoit adopter que le nombre 25, afin de rester en deçà de la réalité plutôt que d'aller au delà.

Les Négocians, pour établir un effectif qui ne puisse pas les tromper dans leurs spéculations, sont dans l'usage, lors de leurs inventaires, d'estimer fort bas les marchandises qu'ils ont à vendre, et de passer à profits et pertes une somme quelconque, pour assurer leur liquidation.

Ainsi jusqu'à ce que l'on ait fait dans toutes les Provinces des dénombremens, comme on l'a pratiqué dans les Généralités d'Auvergne, de Lyon et de Rouen, afin de se procurer le nombre par lequel on doit multiplier les Naissances pour avoir la somme de leurs habitans, il y auroit de l'inconvénient d'admettre pour terme moyen, propre à tout le Royaume, un nombre supérieur à celui de 25 pour déterminer la Population des Campagnes et des petites Villes.

Les nombres 27 et 28, proposés pour les Villes suivant leurs forces, et de 30 pour la Capitale, sont peut-être inférieurs pour représenter leur Population; mais c'est uniquement pour ne se trouver jamais au dessus de la réalité.

## IV. OBSERVATION.

*Dans quel cas le nombre des Naissances répond à un moindre nombre d'Habitans.*

Dans les premiers âges du Monde, les Naissances ont formé la masse de la Population; mais dans l'état où est l'Europe, les Naissances ne font qu'entretenir le nombre de ses habitans, et le perpétuer.

Voilà pourquoi les Colonies doivent présenter, dans le commencement de leur établissement, un plus grand nombre de Naissances, par proportion aux habitans, que dans les lieux où la Population approche de l'état de stagnation; s'il en étoit autrement, l'Amérique, qui est pour nous l'exemple le plus près du temps où nous vivons, auroit plus d'Européens, et moins d'Indigenes qu'elle n'en a.

Dans les Pays où la vie des hommes est moins longue, le nombre des Naissances doit être plus grand que dans les lieux où les hommes vivent davantage, par la raison que dans l'ordre ordinaire, pour perpétuer la race humaine, il faut de toute nécessité que le moyen de la reproduction balance et surpasse même un peu celui de la destruction. Les Pays chauds sont dans ce cas.

Dans la Généralité de Lyon, les Naissances sont à la Poption comme 1 est à 24. Dans la Généralité de Rouen, comme 1 est à 27 $\frac{1}{4}$. Dans la premiere, la vie moyenne est de 25 ans, et dans la seconde, de 25 ans & 10 mois.

Dans un voyage que j'ai fait à Balaruc, je me suis occupé à connoître la Population de cette partie du Languedoc, et comme j'ai observé des choses qui ont des rapports avec le sujet que je traite ici, je vais en rapporter les détails.

Dans la Communauté de Balaruc, où se trouvent les eaux minérales de ce nom, il n'y a aucune sorte d'industrie ; tous les habitans, sans exception, cultivent leurs champs ; mais comme l'air y est mal sain, et que la Population y est décroissante, les Propriétaires sont obligés d'avoir un grand nombre de Domestiques pour les aider dans leur culture. L'olivier, l'amandier et le mûrier sont les seuls arbres qu'on y voit ; des vignes, des terres à seigle et à froment, de la gaude et quelques prairies composent toutes les Propriétés.

Cette Communauté est divisée en deux Paroisses, Saint-Maurice et Notre-Dame-des-Bains.

Saint-Maurice est éloigné de Notre-Dame-des-Bains d'environ douze cent toises au Nord sur la route de Montpellier.

*Population de Saint-Maurice.*

| ANNÉES | NAISSANCES. | | | MARIAGES. | MORTS. | | |
|---|---|---|---|---|---|---|---|
| | GARÇONS | FILLES | TOTAL. | | MALES | FEMELES | TOTAL. |
| de 1727 à 1736 | 59 | 66 | 125 | 32 | 70 | 58 | 128 |
| de 1737 à 1746. | 49 | 62 | 111 | 30 | 63 | 56 | 119 |
| de 1747 à 1756. | 56 | 52 | 108 | 32. | 70 | 62 | 132 |
| | 164 | 180 | 344 | 94 | 203 | 176 | 379 |
| de 1757 à 1766. | 57 | 61 | 118 | 28 | 40 | 51 | 91 |
| de 1767 à 1776. | 50 | 51 | 101 | 20 | 58 | 49 | 107 |
| de 1777 à 1786. | 35 | 41 | 76 | 17 | 48 | 75 | 123 |
| | 142 | 153 | 295 | 65 | 146 | 175 | 321 |

Ce Tableau présente une Population qui tend à sa destruction, et la cause en est connue dans le Pays ; ce sont les eaux stagnantes de l'étang qui sépare Balaruc du Port de Cette et de la Ville d'Agd, et que le Canal de Frontignan traverse pour aller joindre celui de Béziers. Ces eaux stagnantes vicient l'air de la Paroisse de Saint-Maurice et y causent cette grande mortalité.

On peut remarquer, contre l'ordre qui donne par-tout plus de Naissances mâles que de Naissances femelles; qu'à Balaruc, dans les soixante années dont on vient de présenter l'état, il y a eu constamment plus de Naissances femelles que de Naissances mâles, dans une proportion presque double de la supériorité ordinaire des Naissances mâles sur les Naissances femelles.

Les Mariages n'ont donné, pendant ce grand espace de temps, les uns dans les autres, que quatre enfans.

Et la Mortalité a surpassé les Naissances de soixante-un sur six cent trente-neuf, ce qui est près du dixieme.

Il est donc évident que cette Population seroit bientôt détruite, si elle n'étoit recrutée.

L'année commune des Naissances étoit de 11 $\frac{1}{3}$ dans les trente premieres années; dans les trente dernieres, elle est tombée à 10.

On compte à Saint-Maurice-de-Balaruc 250 habitans, c'est donc une Naissance par 25.

*Vie moyenne des Habitans de Saint-Maurice de Balaruc.*

337 Morts mâles ont vécu ensemble 9067 ans 10 mois 25 jours; ce qui fait pour chaque Individu 26 ans 10 mois 15 jours.

330 Femelles ont vécu ensemble 8779 ans 9 mois 15 jours; leur vie moyenne a donc été de 26 ans 6 mois $\frac{1}{3}$. C'est encore contre l'ordre ordinaire, car par-tout les femmes vivent plus que les hommes.

*Ordre de Mortalité.*

| Sur 337 Morts mâles, il en est mort de | La Naissance à 5 ans. | De 5 ans à 10. | De 10 ans à 20. | De 20 ans à 30. | De 30 ans à 40. | De 40 ans à 50. | De 50 ans à 60. | De 60 ans à 70. | De 70 ans à 80. | De 80 ans à 90. | De 90 ans à 100. | TOTAL |
|---|---|---|---|---|---|---|---|---|---|---|---|---|
| | 131 | 14 | 16 | 29 | 44 | 40 | 33 | 24 | 5 | 1 | .. | 337 |
| 330 Femelles. | 137 | 18 | 18 | 30 | 32 | 40 | 23 | 21 | 10 | 1 | .. | 330 |
| 667 Mâles et Femelles. | 268 | 32 | 34 | 59 | 76 | 80 | 56 | 45 | 15 | 2 | .. | 667 |

## *Notre-Dame-des-Bains de Balaruc.* (*)

CETTE petite Paroisse est sur le bord de l'étang. C'est un vrai Cap. L'eau de l'étang la borne au Midi; elle l'envelope au Levant & au Couchant, en sorte qu'on ne peut y arriver par terre que du côté du Nord. C'est là où sont les Bains. La terre est basse, toutes les eaux saumâtres; mais à Saint-Maurice, qui est une terre plus élevée, il y a une fontaine d'eau douce excellente.

Comme à Saint-Maurice, il n'y a point ici d'industrie, la culture et les productions sont absolument les mêmes; mais l'air y est moins mal sain.

---

(*) Je crois devoir placer ici quelques observations qui peuvent intéresser les Malades qu'on envoie aux Bains de Balaruc.

Le peu d'accord qu'il y a entre les Baigneurs, l'Intendant des eaux, et le Propriétaire de ces eaux, est un grand obstacle à ce qu'on pourroit y faire pour assurer le succès de ce remede, et pour procurer aux Malades plus de commodités.

Cependant M. de Vichet, Trésorier de France à Montpellier, Propriétaire depuis peu de temps des eaux de Balaruc, y a déja fait de grandes réparations, et il se propose d'en faire de plus considérables. Il y a formé un jardin potager: auparavant il falloit tout tirer de Cette et de Montpellier.

Dans les deux saisons des eaux, il vient de cette derniere ville, une Sœur de l'Hôpital et cinq Soldats; alors on ouvre l'Hôpital où tous les Pauvres malades sont reçus: mais le réglement porte qu'ils n'y séjourneront que trois jours.

Un homme du Gévaudan, âgé de 25 à 26 ans, garçon meûnier de son premier métier, et depuis cardeur à Nîmes, paralysé de tout son corps, et détenu pendant deux mois à l'Hôpital de Montpellier en attendant la saison des Bains, y arriva le dimanche 13 Mai 1787.

Le lundi, on le porta aux Bains; le mardi, il put un peu marcher; le mercredi, il s'étoit habillé seul, avoit été aux Bains à l'aide de deux béquilles, et avoit l'espoir de guérir radicalement; mais il falloit s'en aller le lendemain. Instruit de cette circonstance, nous allâmes plusieurs solliciter la Sœur de l'Hôpital en sa faveur; cette fille de mérite et très-sensible, nous observa que son devoir s'opposoit à nos vœux. Le malade se désoloit: on le plaça chez le Baigneur des Pauvres. Le jeudi, jour de l'Ascension, il se rendit à l'Eglise avec une seule béquille; le vendredi, il ne la portoit que pour se reposer quand il s'arrêtoit. Je partis le samedi, et M. Pouzaire, Médecin des eaux, m'a écrit, que le dimanche, lendemain de mon départ, ce garçon étoit parti pour son pays, et avoit laissé ses béquilles aux Bains.

Population

*Population de Notre-Dame-des-Bains.*

| ANNÉES | NAISSANCES. | | | MARIAGES. | MORTS. | | |
|---|---|---|---|---|---|---|---|
| | GARÇONS | FILLES. | TOTAL. | | MALES | FEMELES | TOTAL |
| de 1727 à 1736. | 34 | 25 | 59 | 9 | 24 | 18 | 42 |
| de 1737 à 1746. | 22 | 8 | 30 | 10 | 26 | 16 | 42 |
| de 1747 à 1756. | 24 | 33 | 57 | 7 | 12 | 12 | 24 |
| | 80 | 66 | 146 | 26 | 62 | 46 | 108 |
| de 1757 à 1766. | 33 | 28 | 61 | 16 | 23 | 18 | 41 |
| de 1767 à 1776. | 25 | 32 | 57 | 13 | 18 | 23 | 41 |
| de 1777 à 1786. | 26 | 31 | 57 | 17 | 38 | 23 | 61 |
| | 84 | 91 | 175 | 46 | 79 | 64 | 143 |

LES naissances sont augmentées de 29 dans les 30 dernieres années : mais les morts surpassent de 35 celles des 30 premieres. Dans la premiere époque, les naissances excédoient les morts de 38 ; dans la seconde, l'excédent n'a été que de 32.

De 1727 à 1756, il est né plus de garçons que de filles.

De 1757 à 1786, il y a eu plus de filles que de garçons.

Dans les 30 premieres années, les mariages ont donné plus de cinq enfans.

Dans les trente dernieres, ils n'en ont pas produit quatre.

L'année commune des naissances n'étoit pas tout-à-fait 5, dans la premiere époque, et elle n'est pas plus près de 6 dans la seconde.

Or, les morts ayant absorbé cet excédent des naissances, il est démontré que cette population n'a pas gagné.

*Vie moyenne des Habitans de Notre-Dame-des-Bains.*

De 1727 à 1786, on a trouvé sur les registres mortuaires, sans y comprendre les étrangers, 140 morts mâles, qui ont vécu ensemble 4260 ans et 17 jours; ce qui fait pour chaque Individu, 30 ans 6 mois.

Et 103 femelles qui ont vécu ensemble 3312 ans 11 mois 21 jours; dont la vie moyenne a été de 32 ans 2 mois.

La vie moyenne des Habitans de la communauté de Balaruc est très-considérable, par comparaison avec celle des Habitans des Généralités de Lyon et de Rouen, mais on doit ce résultat à la même cause qui fait que les naissances y représentent un plus grand nombre d'Habitans, aux Domestiques étrangers qui y viennent, étant des hommes faits.

## ORDRE DE MORTALITÉ.

| Sur 140 Morts mâles, il en est mort de | La naissance à 5 ans. | De 5 ans à 10. | De 10 ans à 20. | De 20 ans à 30. | De 30 ans à 40. | De 40 ans à 50. | De 50 ans à 60. | De 60 ans à 70. | De 70 ans à 80. | De 80 ans à 90. | De 90 ans à 100. | TOTAL. |
|---|---|---|---|---|---|---|---|---|---|---|---|---|
| | 56 | 5 | 4 | 12 | 10 | 14 | 15 | 11 | 12 | 1 | .. | 140 |
| Sur 103 Femelles. | 41 | 3 | 7 | 6 | 5 | 5 | 12 | 8 | 12 | 3 | 1 de 91. | 103 |
| 243 Mâles et Femelles. | 97 | 8 | 11 | 18 | 15 | 19 | 27 | 19 | 24 | 4 | 1 | 243 |

Je me suis procuré le dénombrement de Notre-Dame-des-Bains, et en voici le résultat :

52 Familles composées,

SAVOIR;

| | |
|---|---|
| Hommes mariés ou veufs. . . . . . . . . | 38 |
| Garçons de 14 ans et au dessus. . . . . . . . | 29 |
| Garçons au dessous de 14 ans. . . . . . . . . | 22 |
| Domestiques mâles. . . . . . . . . . . . | 28 |
| Curé. . . . . . . . . . . . . . . . . | 1 |
| Total des Mâles. . . . . . . . . . . . | 118 |
| Femmes mariées ou veuves. . . . . . . . . | 48 |
| Filles de 14 ans et au dessus. . . . . . . . | 25 |
| Filles au dessous de 14 ans. . . . . . . . . | 27 |
| Servantes. . . . . . . . . . . . . . . | 9 |
| Total des Femelles. . . . . . . . . . . | 109 |

En tout, 227 Habitans.

L'année commune des naissances étant de 6, pour trouver le nombre des Habitans, il faut la multiplier par 38, nombre au dessus de toutes les proportions trouvées ailleurs, excepté cependant à Villefranche en Beaujolois, ce qui fit soupçonner l'exactitude du dénombrement. Mais si à Villefranche comme à Balaruc, les Propriétaires tiennent beaucoup de Valets étrangers, pour cultiver leurs vignes et leurs terres, et que les mariages y soient peu féconds, c'est une exception à la regle générale, qu'il est bon de noter.

Réunissons les naissances des deux Paroisses de Balaruc, l'année commune sera . . . . . . . . 16

Et les Habitans seront . . . . . . . 477

C'est donc une naissance pour 30 Habitans.

Or, s'il étoit vrai *que par-tout où la mortalité est constamment plus accélérée, le nombre des naissances répond à un moindre nombre d'Habitans que dans les lieux où l'air et le climat n'abregent pas la vie des Hommes*, à Balaruc, une naissance ne devroit pas y représenter plus de 20 Habitans; et cependant, distraction faite des 37 Domestiques étrangers, compris dans le dénombrement de Notre-Dame-des-Bains, et supposant qu'il y en ait un nombre égal à Saint-Maurice, ce qui porteroit les Domestiques à 74, il faudroit encore multiplier les 16 naissances par 25, pour représenter les 400 hommes, femmes ou enfans qui y existent.

Dans les lieux où les naissances sont aux Habitans, comme 1 à 23 ou à 24, c'est que les 23 ou 24 Habitans, produisent une naissance; et dans les lieux où les naissances sont aux Habitans comme 1 à 25 ou 26, c'est que ces 25 ou 26 Habitans produisent une naissance.

Or, si 23 produisent autant que 25, et 24 autant que 26, il y a plus de puissance à cet égard, dans 23 que dans 25.

J'ai dit que dans les Pays chauds, les naissances doivent répondre à un moindre nombre d'Habitans, en voici la raison: c'est que les filles y sont plutôt nubiles, et les garçons plutôt puberes que dans les Pays froids. Il doit donc s'y faire plus de mariages, et les mariages y être plus féconds, parce que la vie moyenne des Individus est moindre dans les Pays chauds, et qu'il faut au moins une accélération égale dans le moyen de la reproduction que dans le moyen de la destruction, pour que la Population se perpétue.

Ainsi, pour dire que les naissances sont aux Habitans, *comme*

1 *est à 23 et 24, dans les lieux contrariés par la nature, ou par des circonstances morales*, il faudroit que cela pût s'appliquer aux Pays chauds, et aux Pays où quelques hommes se sont transportés pour y former de nouvelles Peuplades; car c'est-là où réellement les naissances répondent à un moindre nombre d'Habitans.

Enfin, voici une comparaison qui prouvera combien la mortalité est accélérée à Balaruc, quoiqu'il paroisse le contraire par la vie moyenne. Nous la tirerons d'une Recherche faite pour déterminer les probabilités sur la durée de la vie des hommes, et qui comprend 101534 morts; c'est par conséquent la plus considérable qui ait été faite en France, on la trouvera dans ce Volume. Sur ce nombre 21022 Individus avoient atteint 60 ans, et sur les 910 morts de Saint-Maurice et de Notre-Dame-des-Bains de Balaruc, 110 seulement sont parvenus à cet âge.

Suivant la grande expérience, plus du cinquieme des hommes passe 60 ans, et à Balaruc, ce n'est qu'un neuvieme.

## V. OBSERVATION.

### *Des Mariages.*

L'ANNÉE commune des mariages, a été en France depuis 1771, jusques et compris 1780, de 213774.

Laissant l'excédent pour les veufs et les veuves qui passent à d'autres nôces, ce sera 200 mille garçons et autant de filles, qui sortant de la classe des garçons et des filles de 14 ans et au dessus, passeront dans la classe des hommes & des femmes, pour, avec les mariages déja subsistans et encore féconds, produire les naissances par le moyen desquelles la race humaine se perpétue.

Les garçons au dessus de 14 ans, sont un peu plus de la douzieme partie des habitans, et les filles du même âge sont encore plus nombreuses; en les réunissant ils composeront donc plus de la sixieme partie des habitans. Si cette proportion donnée par les dénombremens faits dans les Genéralités d'Auvergne, de Lyon et de Rouen pouvoit s'appliquer à tout le Royaume, sur les 24 millions d'habitans, il y auroit au moins 4 millions de garçons ou de filles de 14 ans et au dessus; & comme il en passe 400 mille à l'état du mariage, ce seroit un garçon sur 10 et une fille sur le même nombre.

Si l'on avoit des dénombremens faits de maniere à connoître combien il y a d'individus de chaque âge, on trouveroit peut-être que parmi les garçons et les filles au dessous de 14 ans, il y en a un sur 10 qui arrive à cet âge chaque année.

Les mariages étoient plus féconds en 1760, qu'au commencement du siecle. Les mœurs à cet égard étoient donc meilleures ; leur dépravation n'a donc pas pu être un des motifs qui ont fait préférer l'année commune des naissances, à l'année commune des mariages, pour calculer la masse de la Population Le motif vrai, c'est que la recherche des mariages n'a pu être faite sur toutes les paroisses ; parce que dans quelques-unes, le registre des mariages étant séparé de celui des naissances, il s'en est perdu. Par la même raison, si dans un pays on ne pouvoit pas réunir toutes les naissances, et qu'on eût la recherche complette des mariages, si leur proportion avec la masse de la Population étoit connue, il ne faudroit point hésiter à s'en servir pour se procurer le nombre des habitans. Cependant, comme les naissances ont un rapport plus immédiat avec la Population, puisque c'est par elles qu'elle se perpétue, il faut leur donner la préférence pour ce calcul, lorsqu'on est maître du choix.

## VI. OBSERVATION.

*Si les Naissances étant plus nombreuses que les Morts, cet indice peut être trompeur.*

Le Laboureur met le grain en terre, le Vigneron plante la vigne, le Jardinier seme ses graines et les arrose, mais la fructification dépend des saisons sur lesquelles l'homme n'a aucun pouvoir. La loi qui veut que l'homme et la femme ayent tel âge pour se marier, la morale qui maintient les mœurs pures, et la protection du Magistrat suprême, qui par une bonne police veille sur la santé de ses sujets, qui assure la liberté des personnes et à chacun sa propriété, sont les seuls moyens par lesquels les Gouvernemens peuvent influer sur leur Population.

Quand les naissances surpassent les morts, il est évident que la loi de propagation agit avec plus de force que la loi de destruction; et tant que cet état dure, il est certain que la Population va en croissant.

Cependant il peut changer d'un moment à l'autre; une guerre, des mauvaises récoltes, une grande cherté dans les denrées de premiere nécessité, la cessation du travail dans les fabriques, une épidémie.

Si la mort frappe également les hommes et les femmes, les adultes et les enfans, les proportions constitutives de la Population étant restées les mêmes, elle réparera bientôt ses pertes.

Mais si la mortalité avoit attaqué spécialement la classe des garçons et des filles de 14 ans et au dessus, on verroit le nombre des mariages et leur fécondité diminuer, et insensiblement le niveau

niveau s'établiroit entre les morts et les naissances, et même les morts deviendroient plus nombreuses, jusqu'à ce que la classe des enfans eût rétabli la classe des adultes.

Si telle est la marche de la Population, les proportions qui la constituent ne peuvent pas être dérangées, sans que les états des naissances, mariages et morts n'en avertissent.

Ainsi, quelle que soit l'existence des individus, si la masse totale présente un plus grand nombre de naissances que de morts, cet indice est une preuve incontestable que la Population devient plus nombreuse, et par conséquent, que les subsistances et le travail augmentent.

## VII. OBSERVATION.

*Des Proportions constitutives de la Population.*

Pour les connoître il falloit faire des dénombremens, tels que ceux qui ont été exécutés dans les Généralités d'Auvergne, de Lyon et de Rouen.

Et comme la Population se trouva croissante à cette époque, c'est-à-dire, que les naissances étoient plus nombreuses, les mariages plus féconds, et la mortalité moins grande qu'elle ne l'étoit 60 ans auparavant, les proportions qui se sont trouvé exister entre les habitans de différens sexes et de différens âges, doivent être regardées comme les proportions d'une Population bien constituée.

Ces dénombremens ont prouvé que les hommes et les femmes mariés, les veufs et les veuves étoient. . . . . . . . . . . . 6

Les garçons et les filles de 14 ans et au dessus. . . . . . 2

Et les enfans des deux sexes. . . . . . . . . . . . . . . 4

Il faut voir toutes les autres proportions dans les Recherches publiées en 1766, où elles sont présentées dans le plus grand détail.

Les hommes et les femmes mariés entretiennent perpétuellement la classe des enfans; ceux-ci la classe des adultes; et les garçons et les filles de 14 ans et au dessus, la classe des hommes et des femmes.

C'est en tournant autour de ce cercle que la famille humaine travaille *à seconder l'un des plus beaux desseins dont nous ayons connoissance, la multiplication des hommes sur la terre, l'accroissement de leur bonheur et la perfection de leurs lumieres.*

## VIII. OBSERVATION.

*Effets de la dépravation des mœurs sur la Population.*

LE calcul qui porte l'homme au célibat. (on ne parle point ici du célibat qui a pour motif et pour but une plus grande pureté.)

Le calcul qui porte l'homme à ne vouloir qu'un ou deux enfans.

La fausse grandeur qui porte l'homme à avoir un grand nombre de domestiques, un grand nombre de convives à sa table, au lieu de s'y voir entouré par ses enfans; et la plus grande dépravation, celle qui met le comble à toutes, de détruire en semant.

Toutes ces erreurs de l'esprit humain sont au moral et à la Population, ce que la gelée, les grandes pluies, la grande sécheresse, les brouillards, la grêle, les vents et les tempêtes sont au physique et aux productions de la terre.

Toutes ces attaques du mal contre le bien, dérangent, détournent et peuvent retarder l'exécution des Loix par lesquelles tout se gouverne, mais non pas les détruire ni les changer.

Ainsi, tant qu'il y aura des hommes et des femmes, il y aura des enfans; tout comme il y aura des subsistances pour les nourrir, tant qu'il y aura des hommes pour cultiver la terre: toute la différence consistera dans le plus ou le moins: car la force virtuelle étant au dessus de tous les obstacles, rien ne sauroit l'empêcher d'arriver à son but, qui est de conserver et de perpétuer par la reproduction.

## IX. OBSERVATION.

*Mais il est un mal existant dont on ne doit point se dissimuler les funestes effets, c'est la grande misere du Peuple des Campagnes.*

Par ce qui précede, et par ce qui suit, on voit que ces funestes effets tombent sur la Population.

Si les naissances étoient plus nombreuses, les mariages plus féconds, et la mortalité moins grande aujourd'hui qu'il y a 20 ans, la misere du peuple des campagnes seroit donc moindre qu'alors : tel est le danger de ces sortes d'assertions. Le systême de la dépopulation des Auteurs économiques avoit une base semblable : les faits ont prouvé que la Population étoit augmentée ; l'édifice a croulé. Eh quoi, les habitans des campagnes ne seroient-ils intéressans que parce qu'ils seroient misérables ! Pour moi, je leur connois de plus beaux titres à la protection du Gouvernement, à la reconnoissance publique ; des titres avoués par la justice, par les intérets de toute la Nation ; des titres imprescriptibles ; et s'ils cessoient d'exister, tout seroit perdu. Je vais tâcher de les faire connoître.

On doit aux travaux des habitans de la campagne, les subsistances et les matieres premieres : ils sont donc les peres nourriciers de la Patrie.

Sans la reproduction on ne pourroit payer les tributs annuels ; or, il est bien incontestable qu'on doit cette reproduction aux habitans des campagnes ; c'est donc eux qui donnent à tous les propriétaires les moyens de payer l'impôt, et qui mettent par-là le Gouvernement en état de fournir à toutes ses dépenses.

Ils répartissent les impôts, ils les levent sur les contribuables, ils les portent dans les bureaux du Roi. Ils sont donc, non des exacteurs, mais, des agens très-utiles du fisc.

Ce sont eux qui ont faits les grandes routes, les canaux et tous les grands ouvrages publics. On leur doit donc les accroissemens du commerce.

Soit par le sort, soit volontairement, ce sont eux qui composent les armées.

Enfin, par l'excédent de leur population, ils recrutent les villes.

Les hommes, en se formant en société, ont-ils imposés aux habitans des campagnes tous ces travaux, tous ces services, et seroient-ils en effet une marque de l'esclavage, comme on l'a cru pendant long-temps ?

Je n'en sais rien, et cette discussion n'est pas à ma portée.

Mais ce que je vois bien clairement, c'est que les grands travaux ont dû toujours être le lot du plus grand nombre, parce que c'est chez eux qu'existe la force corporelle des Nations : cet arrangement est donc dans l'ordre des choses, et non dans la volonté des hommes.

Quand un habitant des villes est obligé d'aller végéter à la campagne, il faut au moins deux générations pour que ses descendans soient capables des travaux de l'agriculture.

Un habitant des campagnes, dès qu'il entre dans une ville, réussit à ce qu'il entreprend.

D'où vient cette différence ? Le campagnard est porté à la ville par un certain génie, et le citadin ne va à la campagne que parce qu'il y est forcé.

L'un est dégénéré, l'autre est dans sa vigueur.

Je parlerai ailleurs de l'influence de la misere sur la Population ; c'est ici la place de l'apologie de la suppression de la corvée.

*Apologie de la suppression de la Corvée en nature.*

En supprimant la corvée, le Roi laisse tous ses sujets corvéables à la culture, aux manufactures et aux fabriques établies dans les petites villes et bourgs et dans les paroisses de la campagne.

Il est d'expérience que cent corvéables ne faisoient pas l'ouvrage que dix hommes font sous un Entrepreneur surveillant.

Avec le même nombre de bras, on pourroit donc faire en un an, ce qu'on ne faisoit qu'en dix.

Le commerce s'étend à mesure qu'on multiplie les communications, et qu'on facilite les transports; il pourroit donc acquérir dans un an, ce qu'il n'auroit acquis que dans dix.

La corvée en nature suspendoit les travaux de la campagne et des manufactures; à l'avenir les ouvrages des grands chemins concourront avec tous les autres ouvrages; d'où résultera nécessairement une augmentation de travail et de salaire pour les hommes non propriétaires, dont le métier est de remuer la terre.

Ces hommes qui souffrent le chaud et le froid, et sur qui tombe tout le poids des grands travaux étoient corvéables; ils donnoient à l'Etat douze journées, qui mal remplies n'en valoient pas deux, et leur prestation en argent, n'ira qu'à 5 à 6 sous, les uns dans les autres.

L'essai ordonné pour les années 1787, 1788 et 1789, en réalisant tous les grands avantages qu'on vient de spécifier, et bien d'autres, auroit eu un tel succès, qu'on n'auroit plus parlé de la corvée en nature, que pour déplorer les causes qui l'ont fait subsister jusqu'à nos jours.

Si l'anarchie, la féodalité, les guerres civiles, les guerres de religion, les grandes guerres avec les autres puissances ravageoient encore la France, elle n'auroit pas la population, la culture et le commerce dont elle jouit : mais Louis XIV en fixant l'autorité légitime sur le trône a préparé la prospérité du Royaume.

Lorsque l'on compare ce qu'il est aujourd'hui à ce qu'il étoit en 1715, on trouve que pendant le regne de Louis XV et celui de Louis XVI, l'Administration a fait de grandes choses pour l'utilité publique.

La corvée en nature est de toute antiquité, et elle a dû toujours être le lot du gros de la Nation, de ces hommes forts qui bravent les injures du temps et les fatigues du corps, parce que c'est au grand nombre en qui réside la force, qu'il appartient, comme nous l'avons dit, d'exécuter les grands travaux.

On se tromperoit peut-être, si l'on croyoit que la corvée eût pu beaucoup plutôt se racheter avec de l'argent; il falloit préalablement acquérir cet argent.

Quand les corvéables ouvroient les communications avec tant de nonchalance et de dégoût, n'auroient-on pas cru qu'ils travailloient à leur ruine? Cependant le commerce prenant ces routes, comme l'eau suit sa pente, pour arriver dans des pays où il n'avoit pas encore pénétré, il trouvoit d'un côté des denrées et des matieres premieres que les habitans ne pouvoient pas consommer, et de l'autre des besoins; il se chargeoit de ces denrées et de ces matieres premieres pour les porter où il en manquoit, et fournissoit à ces habitans les choses nécessaires qu'ils n'avoient pas. La compensation faite, le marché se soldoit avec de l'argent.

Ces habitans assurés du débouché de leurs productions employoient à en augmenter la quantité, toutes leurs forces, leurs moyens et leur industrie.

C'est ainsi que le commerce, en multipliant ses opérations, a introduit dans toutes les Provinces une somme de numéraire qui les vivifie par sa circulation.

Effet merveilleux d'un ordre admirable, qui fait produire à la culture et au commerce de si heureux résultats.

C'est donc une vérité positive, que l'homme se prépare de grands trésors en prêtant à la terre et au commerce.

Les 9000 lieues de grandes routes tracées sur la surface de la France, ont porté son commerce au point où il s'est élevé. Ça été l'ouvrage de moins d'un siecle.

Les communications qui restent à ouvrir, et l'amélioration de celles qui existent s'opéreront plus diligemment, et dans quelques années il n'y aura plus à pourvoir qu'à la dépense de l'entretien.

Les moyens des peuples augmentant avec l'agrandissement du commerce, et la prestation en argent étant moindre, elle deviendra presque insensible.

Peut-être même trouvera-t-on une autre maniere de pourvoir à cette dépense, qui dans ce moment portant immédiatement sur le cultivateur, lui ôte des avances avec lesquelles il auroit encore amélioré sa culture.

Il peut être vrai que ce n'est qu'une avance qu'il fait au consommateur; mais si c'est pour porter à ce dernier tout ce dont il a besoin, comme tout l'indique, que les grandes routes sont faites, ne seroit-il pas juste de lui en faire payer les frais immédiatement?

## ÉPIZOOTIE.

Les bœufs, les vaches, les brebis et tous les animaux domestiques sont les compagnons fideles de l'homme des champs. Ils composent son mobilier le plus précieux; et de leurs engrais, de leurs travaux, de leur croissance et de leur multiplication, les vraies richesses ne cessent de renaître.

Le Roi en fixant ses yeux sur leur conservation, montre des vues étendues et une grande sagesse.

Pour les remplir efficacement, il faut mettre le secours à côté du mal.

Tel est le plan que j'ai à proposer; puisse l'extrême envie que j'ai d'être utile, me fournir les moyens de les bien exposer.

Le traitement des bêtes malades est presque par-tout entre les mains de gens ignorans et à secrets. L'art de les guérir par principes, est encore renfermé dans l'enceinte des Ecoles vétérinaires.

Ces écoles sont établies depuis assez long-temps, pour être en état de composer une instruction simple et à la portée des cultivateurs, dans laquelle on leur apprendroit à connoître les maladies par leurs symptômes les plus frappans et les moins équivoques, et où l'on inséreroit les remedes préservatifs et curatifs.

Les Livres de médecine pratique et élémentaire ont été d'un très-grand secours dans les campagnes qui manquent généralement de bons Médecins et de bons Chirurgiens; ces livres sont devenu leurs guides, et depuis qu'ils ont été publiés, les pauvres malades sont mieux traités; pourquoi ne feroit-on pas pour les animaux ce qu'on a fait avec tant de succès pour les hommes? (*)

Les animaux ne sont point exposés aux maladies causées par l'intempérance et les passions déréglées : ils suivent paisiblement la loi de leur nature : les intempéries des saisons, les lieux où on les retire, les alimens qu'on leur donne, et les services qu'on en exige, influent seuls sur leur constitution. La Médecine des animaux doit donc être moins compliquée, et par conséquent moins difficile que celle des hommes.

Cette instruction étant distribuée gratuitement, il ne pourroit pas se faire qu'elle ne tombat entre les mains de quelques hommes intelligens, et c'est aussi parmi ceux de cette classe qu'on prendroit un dans chaque canton pour en faire un Éleve vétérinaire : une fois formé, il viendroit s'y fixer et y pratiquer cette médecine; on lui donneroit un nombre de Paroisses pour son arrondissement. Il correspondroit tous les trois mois avec le Subdélégué de son département, et celui-ci enverroit à l'Intendant de la Province, l'état de situation de tout le bétail de sa subdélégation, ce qui suppose que le Médecin vétérinaire en auroit fait la visite et le dénombrement.

C'est sans doute un grand détail, mais dans cette matiere, comme dans toutes les autres, si l'on ne connoît pas par les détails, on ne sait rien de positif.

Voyons tous ces Eleves chacun à leur poste, avec une bonne pharmacie, veiller sur leur troupeau et voler à son secours à la moindre apparence de maladie; et si la contagion devient furieuse dans un pays, l'Eleve du lieu appellera ses confreres

---

(*) On pourroit dire que ce travail a déja été exécuté avantageusement par M. Viret, dans son excellent Ouvrage, intitulé *Médecine vétérinaire, ou exposition des Maladies du Cheval, du Bœuf, de la Brebis, etc., avec la maniere de les traiter*; mais le livre de ce savant Médecin est peut-être trop étendu pour les Maréchaux et les Peuples de la Campagne. Il est en 3 vol. *in-8°.*, imprimés à Lyon, chez les FRERES PERISSE.

à son aide pour la combattre tous ensemble, et il est probable qu'elle cédera bientôt à tant d'efforts réunis.

Dans ce moment il n'y a pas assez d'écoles vétérinaires, pour former en peu de temps tous les Eleves dont la France auroit besoin; mais il faut commencer, et vouloir ne faire que peu à peu ce qui ne pourroit pas s'opérer à la fois. Pour accélérer cet établissement, le Médecin vétérinaire seroit autorisé à prendre un et même deux apprentifs, comme font les Chirurgiens; et les dispositions de ces Eleves étant trouvées bonnes, ils iroient comme pensionnaires ou comme externes dans ces écoles vétérinaires, pour être à leur tour employés dans un canton.

On a dit plus haut que le Médecin vétérinaire correspondroit tous les trois mois avec le Subdélégué; mais pour faire des progrès dans cette science importante, il faudroit les faire concourir à des prix annuels, qui seroient accordés aux observations sur les vraies causes des épizooties et sur les moyens de les prévenir ou de les combattre avec plus de succès; ce qui seroit jugé par l'école vétérinaire où les éleves auroient été formés. Cela accoutumeroit ces éleves à n'être pas seulement praticiens, mais encore observateurs, et la science y gagneroit infiniment.

Ce traitement doit-il être tout à la charge de l'Etat, c'est à l'Administration à le décider; c'est à elle à déterminer plus précisément, ce que les Médecins vétérinaires devront faire chacun dans leur arrondissement, et à faire des réglemens propres à empêcher toutes les vexations ou abus d'autorité qu'ils pourroient exercer sur les peuples des campagnes, sous prétexte d'inspecter ou de traiter les bestiaux.

## DES CHENILLES.

QUAND la seve se retire, les feuilles tombent, et de ce moment jusqu'à la naissance des nouvelles feuilles, cet intervalle est rempli par l'hiver, saison, pendant laquelle la chenille et les autres insectes de cette espece sont en repos, parce qu'il n'y a plus de pâture : d'où le proverbe *qui dort dîne*. Il est donc naturel que la chenille soit alors dans sa retraite sous des formes quelconques, en attendant que le soleil revienne échauffer les germes, et faire éclore tout ce qui doit exister jusqu'à l'hiver suivant, en même-temps qu'il prépare à tous les insectes la nourriture qui leur est propre. L'hiver est donc le temps d'écheniller avec succès.

Si on le faisoit exactement, cette famille qui fait de grands ravages; pourroit être à la longue chassée des lieux cultivés, et reléguée dans les forêts, cela entraîneroit la perte de plusieurs especes de beaux papillons, et je connois plus d'un amateur en ce genre qui n'en seroient pas contens. Il faut convenir que les yeux perdroient de beaux tableaux que l'on compose avec ces insectes; et qui, lorsqu'ils sont bien entendus présentent une variété de couleurs très-agréable; mais les feuillages et nos desserts y gagneroient; nous aurions plus d'ombrage, et des fruits meilleurs et plus beaux.

## *DE LA MISERE.*

PAUVRES humains qui êtes nés dans les chaumieres, qui êtes couverts de haillons, qui vous nourrissez des choses les plus grossieres, qui pour reposer n'avez que la terre, la paille, les feuilles ou l'herbe seche; vous dont l'état est si précaire qu'il dépend absolument d'un travail journalier; cette misere influe-t-elle en mal sur votre constitution, répondez? Si cela étoit, vous seriez les plus foibles des hommes, et vos travaux prouvent bien que vous avez plus de force corporelle que les autres.

Pour avoir du luxe, il faut un revenu qui excede les besoins communs.

Pour être dans la misere, il faut avoir des besoins qu'on ne puisse pas satisfaire.

L'homme qui a le moins de besoins, est le plus éloigné de la misere.

Celui qui en a le plus, en est le plus près.

L'homme des champs souffre peu dans son corps, et presque point au moral. La religion et sa philosophie naturelle, en le portant à la résignation et à la patience, émoussent tous ses maux et les rendent presque insensibles.

Il possede dans un degré éminent les facultés de se conserver; tous les temps lui sont égaux, toute nourriture lui est bonne et lui profite, son sommeil est un repos parfait.

En sorte, que la misere qu'on croit être son partage, est ordinairement plus apparente que réelle.

L'homme véritablement pauvre et misérable, c'est celui qui possesseur de toutes les richesses extérieures, a perdu dans l'intempérance et la molesse, ses forces, son goût, son estomac, et va mourir d'inanition et d'insomnie au milieu de tous les alimens et dans un bon lit. En vain, il a des domestiques et des médecins, leurs soins infructueux au lieu de le soulager, l'aigrissent et le portent au désespoir.

Les ouvriers des manufactures établies dans l'enceinte des villes, sont sujets à une sorte de misere qui influe réellement sur leur constitution; elle a sa source dans le défaut de conduite de ces ouvriers. Dans le bon temps ils se nourrissent et se vêtissent comme les bourgeois; dans le mauvais temps, c'est-à-dire dans l'état de maladie, ou lorsque le travail manque, ou quand les denrées sont cheres, il faut déchoir, et c'est le passage d'une vie aisée à l'indigence qui les rend misérables.

## X. OBSERVATION.

Je terminerai ces observations par présenter aux Receveurs des tailles, mes confreres, la phrase suivante, comme un sujet de profondes méditations, non pour les jeter dans le découragement, mais afin qu'ils continuent à mériter par leur conduite que cette phrase ne soit jamais une vérité.

*Cependant, si la possibilité des recouvremens devoit être l'unique regle des contributions, le dernier des Exacteurs et les Sergens qu'il emploie, deviendroient la lumiere de l'Administration, car ils seroient les premiers instruits du terme extrême de l'impuissance; mais c'est l'état dans lequel se trouvent les contribuables, après avoir acquité les impôts, qui doit fixer les regards du Gouvernement; et cette connoissance, ce ne sont point les agens du fisc qui la donnent, l'inquiétude même ne leur en appartient pas.*

S'il m'étoit permis de dire ma pensée sur cette matiere, j'observerois que l'unique mesure des impôts, avouée par la justice et par la raison, est la somme qui doit être dépensée pour garder l'Etat, le conserver, et le faire prospérer.

# NOUVELLES RECHERCHES

# NOUVELLES RECHERCHES SUR LA POPULATION DE LA FRANCE.

## PREMIERE PARTIE.

# NOUVELLES RECHERCHES SUR LA POPULATION DE LA FRANCE.

Je vais présenter la Population du Royaume sous plusieurs faces.

Auparavant je dirai pourquoi je rejette l'ordre alphabétique, et pourquoi je préfere celui de la situation des lieux.

Le premier a été imaginé par la paresse; il sépare tout, et transporte loin, l'un de l'autre, les lieux voisins, en sorte qu'il rend très difficile toute comparaison.

Cependant, c'est en quoi consistent toutes les opérations d'une bonne Administration; car la Justice voulant que le contingent à toutes les charges soit réglé entre les Provinces, suivant leurs forces respectives, en nombre d'habitans, en productions, en industrie, en commerce et en situation; et la raison voulant que l'on compare entre elles les Provinces voisines, parce que participant en plus ou en moins aux mêmes choses, l'analogie éclaire, et fait continuer la comparaison de proche en proche, de sorte que la lumiere s'étend d'une extrêmité à l'autre.

L'ordre alphabétique, au contraire, met la Provence à côté de la Picardie, celle-ci avec la Navarre, le Béarn et la Guienne orientale sous le nom d'Auch et Pau, et ces derniers pays à côté de la Franche-Comté; alors l'esprit ne voyant que des disparates, se lasse et abandonne les comparaisons.

Quand on y pense bien, on est étonné de voir l'ordre alphabétique, préféré presque par-tout à l'ordre de situation.

*POPULATION dans les Campagnes et petites Villes de la France, suivant l'année commune des Naissances de 1771 à 1780.*

| GÉNÉRALITÉS. | NORD DE LA FRANCE. | | | HABITANS PAR LIEUES QUARRÉES. |
|---|---|---|---|---|
| | LIEUES QUARRÉES. | ANNÉE COMMUNE DES NAISSANCES. | HABITANS PAR LA REGLE DE 25. | |
| 1 LILLE. | 414½ | 23269 | 581725 | 1403 |
| 2. VALENCIENNES. | 257¾ | 8881 | 222025 | 864 |
| 3. AMIENS. | 458 | 17759 | 443975 | 969 |
| 4. ROUEN. | 587½ | 24525 | 613125 | 1044 |
| 5. CAEN. | 583½ | 23384 | 584600 | 1002 |
| 6. ALENÇON. | 464 | 19646 | 491150 | 1058 |
| 7. PARIS. | 1157 | 46220 | 1155500 | 999 |
| 8. SOISSONS. | 445½ | 16410 | 410250 | 922 |
| 9. CHAALONS. | 1226½ | 28233 | 705825 | 576 |
| 10. METZ. | 514 | 11276 | 281900 | 548 |
| 11. NANCY. | 894 | 29627 | 740675 | 828 |
| 12. STRASBOURG. | 529½ | 22203 | 555075 | 1049 |
| | 7531 | 271433 | 6785825 | 901 |

*POPULATION dans les Campagnes et petites Villes de la France, suivant l'année commune des naissances de 1771 à 1780.*

| GÉNÉRALITÉS. | MILIEU DE LA FRANCE. | | | HABITANS PAR LIEUES QUARRÉES. |
|---|---|---|---|---|
| | LIEUES QUARRÉES. | ANNÉE COMMUNE DES NAISSANCES. | HABITANS PAR LA REGLE DE 25. | |
| 1. BESANÇON. | 871 ½ | 24980 | 624500 | 717 |
| 2. DIJON. | 1184 ¼ | 40405 | 1010125 | 853 |
| 3. BOURGES. | 686 ½ | 18626 | 465650 | 679 |
| 4. ORLÉANS. | 1021 ¼ | 25168 | 629200 | 616 |
| 5. TOURS. | 1388 ¼ | 48659 | 1216475 | 878 |
| 6. RENNES. | 1774 ½ | 81305 | 2032625 | 1145 |
| 7. POITIERS. | 1057 ¼ | 25683 | 642075 | 607 |
| 8. LA ROCHELLE. | 464 | 17162 | 429050 | 924 |
| 9. LIMOGES. | 854 | 23371 | 584275 | 684 |
| 10. RIOM. | 651 | 24595 | 614875 | 944 |
| 11. MOULINS. | 897 | 20404 | 510100 | 568 |
| | 10849 ½ | 350358 | 8758950 | 807 |

*POPULATION dans les Campagnes et petites Villes de la France, suivant l'année commune des naissances de 1771 à 1780.*

| GÉNÉRALITÉS. | MIDI DE LA FRANCE. | | | HABITANS PAR LIEUES QUARRÉES. |
|---|---|---|---|---|
| | LIEUES QUARRÉES. | ANNÉE COMMUNE DES NAISSANCES. | HABITANS PAR LA RÈGLE DE 25. | |
| 1. LYON. | 416 $\frac{1}{4}$ | 18272 | 456800 | 1098 |
| 2. GRENOBLE. | 1024 | 24479 | 611975 | 597 |
| 3. AIX. | 1146 | 23988 | 599700 | 523 |
| 4. MONTPELLIER. | 2140 $\frac{1}{4}$ | 58750 | 1468750 | 686 |
| 5. PERPIGNAN. | 286 $\frac{1}{3}$ | 6649 | 166225 | 581 |
| 6. MONTAUBAN. | 583 $\frac{1}{4}$ | 19168 | 479200 | 821 |
| 7. AUCH ET PAU. | 1347 $\frac{1}{2}$ | 30401 | 760025 | 564 |
| 8. BORDEAUX. | 1625 $\frac{1}{2}$ | 51715 | 1292875 | 795 |
| | 8570 $\frac{1}{12}$ | 233422 | 5835550 | 681 |

*RÉUNION des trois précédens Tableaux.*

| DIVISION DE LA FRANCE. | LIEUES QUARRÉES. | ANNÉE COMMUNE DES NAISSANCES. | HABITANS. | HABITANS PAR LIEUES QUARRÉES. |
|---|---|---|---|---|
| NORD. | 7531 | 271433 | 6785825 | 901 |
| MILIEU. | 10849 ½ | 350358 | 8758950 | 807 |
| MIDI. | 8570 ½ | 233422 | 5835550 | 681 |
| | 26951 | 855213 | 21380325 | 793 |

POURQUOI le nord de la France est-il plus peuplé que le milieu, et pourquoi le midi est-il encore moins peuplé que le milieu? Rien n'arrive au hasard; il y a donc des causes pour cela? Cependant, c'est dans le milieu et le midi de la France que sont les grands vignobles, et tout le monde est d'accord que la culture de la vigne exige plus de bras que toute autre culture. On ne peut pas dire que ce soit la Population de la Capitale et des autres Villes principales qui fasse cette différence, puisqu'on ne voit dans le tableau ci-dessus, que la Population des campagnes et des petites Villes,

*Population des Villes principales de la France, suivant l'année commune des naissances de 1771 à 1780.*

| NOMS DES VILLES. | NORD DE LA FRANCE. ANNÉE COMMUNE DES NAISSANCES. | NORD DE LA FRANCE. NOMBRE PAR LEQUEL LES NAISSANCES ONT ÉTÉ MULTIPLIÉES. | HABITANS. |
|---|---|---|---|
| 1. Lille. | 2349 | 28 | 65772 |
| 2. Dunkerque. | 946 | 28 | 26488 |
| 3. Arras. | 753 | 28 | 21084 |
| 4. Douai. | 683 | 28 | 19124 |
| 5. Valenciennes. | 683 | 28 | 19124 |
| 6. Cambrai. | 545 | 27 | 14715 |
| 7. Amiens. | 1524 | 28 | 42672 |
| 8. Abbeville. | 666 | 28 | 18648 |
| 9. Saint-Quentin. | 368 | 28 | 10304 |
| 10. Rouen. | 2436 | 29 | 70644 |
| 11 Dieppe. | 618 | 27 | 16686 |
| 12. Le Havre-de-Grace. | 654 | 27 | 17658 |
| 13. Caen. | 1162 | 27 | 31374 |
| 14. Alençon. | 491 | 27 | 13257 |
| 15. Paris. | 20020 | 30 | 600600 |
| 16. Versailles. | 1570 | 28 | 43960 |
| 17. Soissons. | 272 | 27 | 7344 |
| 18. Chaalons. | 436 | 27 | 11772 |
| 19. Rheims. | 1127 | 27 | 30429 |
| 20. Troyes. | 1182 | 27 | 31914 |
| 21. Metz. | 1402 | 28 | 39256 |
| 22. Sedan. | 636 | 27 | 17172 |
| 23. Nancy. | 1192 | 28 | 33376 |
| 24. Lunéville. | 600 | 27 | 16200 |
| 25. Bar-le-Duc. | 393 | 27 | 10611 |
| 26. Strasbourg. | 1612 | 28 | 45136 |
| 27. Colmar. | 454 | 27 | 12258 |
| | 44774 | | 1287578 |

*POPULATION des Villes principales de la France, suivant l'année commune des naissances de 1771 à 1780.*

| NOMS DES VILLES. | MILIEU DE LA FRANCE. | | HABITANS. |
|---|---|---|---|
| | ANNÉE COMMUNE DES NAISSANCES. | NOMBRE PAR LEQUEL LES NAISSANCES ONT ÉTÉ MULTIPLIÉES. | |
| 1. BESANÇON. | 893 | 28 | 25004 |
| 2. DIJON. | 712 | 28 | 19936 |
| 3. MACON. | 327 | 27 | 8829 |
| 4. BOURGES. | 909 | 27 | 24543 |
| 5. ORLÉANS. | 1435 | 27 | 38745 |
| 6. BLOIS. | 436 | 27 | 11772 |
| 7. TOURS. | 785 | 27 | 21195 |
| 8. ANGERS. | 1091 | 27 | 29457 |
| 9. LE MANS. | 491 | 27 | 13257 |
| 10. RENNES. | 1244 | 28 | 34832 |
| 11. L'ORIENT. | 578 | 28 | 16184 |
| 12. SAINT-MALO. | 614 | 28 | 17192 |
| 13. NANTES. | 1963 | 29 | 56927 |
| 14. BREST. | 1048 | 29 | 30392 |
| 15. POITIERS. | 636 | 27 | 17172 |
| 16. LA ROCHELLE. | 561 | 28 | 15708 |
| 17. ROCHEFORT. | 561 | 28 | 15708 |
| 18. LIMOGES. | 801 | 27 | 21627 |
| 19. ANGOULÊME. | 472 | 27 | 12744 |
| 20. CLERMONT. | 841 | 28 | 23548 |
| 21. RIOM. | 538 | 27 | 14526 |
| 22. MOULINS. | 600 | 27 | 16200 |
| 23. NEVERS. | 508 | 27 | 13716 |
| | 18044 | | 499214 |

*POPULATION des Villes principales de la France, suivant l'année commune des naissances de 1771 à 1780.*

| NOMS DES VILLES. | MIDI DE LA FRANCE. ANNÉE COMMUNE DES NAISSANCES. | NOMBRE PAR LEQUEL LES NAISSANCES ONT ÉTÉ MULTIPLIÉES. | HABITANS. |
|---|---|---|---|
| 1. LYON. | 5234 * | 29 | 151786 |
| 2. SAINT-ETIENNE. | 982 | 28 | 27496 |
| 3. GRENOBLE. | 852 | 28 | 23856 |
| 4. AIX. | 841 | 28 | 23548 |
| 5. TOULON. | 982 | 28 | 27496 |
| 6. MARSEILLE. | 2946 | 29 | 85434 |
| 7. MONTPELLIER. | 1121 | 28 | 31388 |
| 8. TOULOUSE. | 1964 | 28 | 54992 |
| 9. NISMES. | 1752 | 28 | 49056 |
| 10. LE PUY EN VELAI. | 618 | 27 | 16686 |
| 11. CARCASSONNE. | 564 | 27 | 15228 |
| 12. PERPIGNAN. | 552 | 27 | 14904 |
| 13. MONTAUBAN. | 701 | 28 | 19628 |
| 14. CAHORS. | 351 | 28 | 9828 |
| 15. AUCH. | 272 | 27 | 7344 |
| 16. PAU. | 315 | 28 | 8820 |
| 17. BORDEAUX. | 2748 | 29 | 79692 |
| 18. BAYONNE. | 385 | 28 | 10780 |
| | 23450 | | 657962 |

(*) Ce nombre differe de celui qu'on verra dans le Tableau particulier de la ville de Lyon, parce que les baptêmes des Hôpitaux sont dans celui-ci, et ne sont pas dans l'autre; et encore parce que ce sont deux époques différentes.

*RÉUNION des trois précédens Tableaux.*

| DIVISION DE LA FRANCE. | NOMBRE DES VILLES PRINCIPALES. | ANNÉE COMMUNE DES NAISSANCES. | HABITANS. |
|---|---|---|---|
| NORD. | 27 | 44774 | 1287578 |
| MILIEU. | 23 | 18044 | 499214 |
| MIDI. | 18 | 23180 | 657962 |
| | 68 | 85998 | 2444754 |

Dans le milieu de la France, les Villes ont moins d'habitans que dans le nord et le midi, quelle en est la raison ?

*RÉCAPITULATION des deux Réunions précédentes.*

| DIVISION DE LA FRANCE. | HABITANS | | TOTAL. | PAR LIEUES QUARRÉES. |
|---|---|---|---|---|
| | Dans les Campagnes et petites Villes. | Dans les Villes principales. | | |
| NORD. | 6785825 | 1287578 | 8073403 | 1072 |
| MILIEU. | 8758950 | 499214 | 9258164 | 853 |
| MIDI. | 5835550 | 657962 | 6493512 | 757 |
| | 21380325 | 2444754 | 23825079 | 884 |

L'année commune des naissances est dans les campagnes et petites villes de . . . . . . . . . . . 855,213.

Dans les villes principales de . . . . . 85,998

TOTAL . . . . . . . . . . 941,211

Les Mariages de . . . . . . . . . . . 213,774

Les Morts de . . . . . . . . . . . . . 818,491

Les mariages ont donné les uns dans les autres, 4 enfans $\frac{2}{5}$.
Il est mort une personne sur 29.

*DE la proportion qui existe entre le nombre des Habitans des villes principales, et le nombre des Habitans des campagnes et des petites villes.*

CETTE proportion, par rapport aux naissances, est comme 85,998 à 855,213 un peu plus qu'un à 10, et par rapport aux habitans, comme 2,444,754 à 21,380,325 un peu moins que 1 à 9.

Mon intention, en présentant cette comparaison, est de mettre le Lecteur à portée de juger, par les faits, si la Population des Villes principales est assez considérable pour être regardée comme une tête, si grosse et si monstrueuse, qu'elle doive rendre étique le corps de la Nation, comme l'ont écrit quelques Auteurs économiques, en parlant des habitans de la capitale.

Dans l'homme le mieux proportionné, la tête est au moins la huitieme partie du corps, soit qu'on mesure sa hauteur, sa grosseur, ou qu'on ait égard à son poids.

*TABLEAU des proportions constitutives de la Population des campagnes et petites villes de la France, d'après les dénombremens faits dans les Généralités d'Auvergne, de Lyon et de Rouen.*

| | |
|---|---|
| HOMMES mariés ou veufs . . . . . | 4,233,000 |
| Garçons de 14 ans et au dessus . . | 1,924,636 |
| Garçons au dessous de 14 ans . . . . | 3,133,285 |
| Domestiques mâles . . . . . . . . | 920,459 |
| Ecclésiastiques mâles . . . . . . | 110,000 |
| TOTAL des Mâles . . . . . . | 10,321,380 |
| Femmes mariées ou veuves . . . . | 4,863,363 |
| Filles de 14 ans et au dessus . . . . | 2,216,376 |
| Filles au dessous de 14 ans . . . . | 3,039,601 |
| Domestiques Femelles . . . . . . | 886,965 |
| Religieuses . . . . . . . . . . | 52,315 |
| TOTAL des Femelles . . . . . | 11,058,620 |
| Somme égale à la Population des Campagnes et petites villes . . . . | 21,380,000 |

Je ne présente point ce tableau comme étant la réalité, mais comme contenant des approximations qui peuvent montrer l'utilité de semblables apperçus.

*Des occupations, des services, et des fonctions des différentes classes de la grande Famille françoise.*

Les hommes ayant la même origine, et allant au même terme, devroient être égaux ; cependant dans la société, il y a des différences marquées.

En France, on connoît des Roturiers, des Nobles et des Ecclésiastiques, des Sujets et un Souverain, et ces classes se subdivisent en neuf autres qui ont chacune leurs accessoires.

1. Les Cultivateurs, les Pâtres et les Pêcheurs,
2. Les Ouvriers et les Artisans.
3. Les Fabriquans et les Marchands,
4. Les Négocians et les Banquiers,
5. Les Financiers.
6. Les Magistrats,
7. Les Militaires, les Hommes de la Cour.
8. Le Clergé.
9. Le Souverain et sa Famille.

Les quatres premieres classes sont occupées à nourrir, à vêtir, et à fournir à tous les besoins de la Nation.

Les quatre dernieres ont les nobles fonctions d'y maintenir l'ordre et la paix, d'y faire fleurir les arts, de favoriser l'agriculture, les manufactures, le commerce, par de grandes routes, des canaux, et une grande navigation ; enfin, de défendre le Royaume contre les attaques du dehors.

Si toutes ces classes, une fois formées, se perpétuoient par leur propre génération, il seroit bien sans doute, que chacun étant élevé pour sa place, y restât ; mais l'expérience de tous les

les temps ayant prouvé que cela n'est pas, et que la source de toute Population est dans les habitans de la campagne, c'est eux qui ont formé les autres classes, et qui les recrutent sans cesse.

Dès qu'il y a un homme de trop dans la campagne, il va dans les Villes et devient Ouvrier, Artisan, Fabriquant ou Marchand. S'il est actif, économe, intelligent, s'il est enfin ce qu'on appelle heureux, il est bientôt riche, il acquiert la noblesse, et dès-lors il ouvre à ses enfans la carriere de la magistrature, de l'Etat Militaire, de la Cour et du Clergé. Cette allure des choses de ce monde aussi ancienne que lui, aura sans doute la même durée; c'est ainsi qu'à Rome les affranchis, les hommes nouveaux succéderent aux Patriciens.

Pour remplacer les familles qui, depuis l'origine de la Monarchie, étoient en possession des places supérieures, mais qui se sont éteintes successivement, il n'y avoit que deux manieres : l'une d'y appeller par choix; l'autre d'y admettre ceux qui, par des moyens quelconques, s'en étoient assez approchés pour y être placés.

Ce seroit une question très-difficile à résoudre, que de savoir si le choix du Roi et de ses Ministres, seroit tombé sur des personnes de plus de mérite, ou d'un mérite égal à celui des hommes, qui en ont eu assez pour se démêler de la foule.

Ceci mene naturellement à parler de la vénalité des charges qui donnent la noblesse. Cette vénalité a été imaginée dans les besoins pressans de l'Etat, et c'est pourquoi elle est pour lui une dépense, au lieu d'être une source de revenu : car, les Gouvernemens, comme les Particuliers, ne font que des pactes onéreux, quand ils sont dans la gêne. Depuis la création des charges de Secrétaire du Roi, elles ont ennobli autant de familles qu'elles ont été vendues de fois : ces familles ne sont plus contribuables à la taille, et l'Etat doit toujours le capital et l'intérêt de la finance.

Mais, si tout marché conclu doit avoir son exécution, l'Administration ne pourroit-elle pas donner une loi pour statuer que tout homme qui voudroit devenir Secrétaire du Roi, et jouir des privileges qui sont attachés à ce titre, seroit tenu de rembourser pleinement le titulaire, mais sans aucune répétition envers l'Etat, ni de finances, ni de gages : la noblesse pour lui et sa posterité devant lui en tenir lieu, sauf à lui accorder au premier degré l'entrée dans le service militaire.

Par cette opération, on libéreroit l'Etat d'une somme énorme, et l'on n'ennobliroit que les citoyens les plus riches ; les custodies n'existeroient plus ; on verroit moins de ces nobles avortons, qui ne laissent après eux que des enfans qui rentrent dans la foule dont les peres s'étoient mal à propos séparés.

Toutes les autres charges, excepté celles qui ont besoin d'une forte finance pour cautionner une grande comptabilité, sont susceptibles du même arrangement.

Ce plan de libération paroît aussi facile dans l'exécution qu'il est simple : car au temps où nous vivons, il y a bien des particuliers en France dont la fortune est au dessus du sacrifice dont il s'agit.

L'ordonnance militaire qui n'admet que les nobles au quatrieme degré, paroît avoir été faite pour amener cette révolution, et si on l'étendoit à toutes les grandes Cours de Justice, elle seroit bien plutôt consommée.

A l'époque où les charges vénales se trouveroient ainsi éteintes par les mutations, l'Etat seroit libéré du capital et de l'intérêt de la finance, il en créeroit de nouvelles pour ceux qui voudroient obtenir de pareilles charges, et ils payeroient la somme à la quelle on les auroit fixées ; cette somme ne portant point intérêt, et le capital ne devant point être remboursé, la vénalité dans ce cas, seroit réellement une source de revenus pour l'Etat.

Il ne faudroit pas craindre qu'elles restassent vacantes ; car n'étant plus à la portée que des personnes très-riches, ce qui suppose la meilleure éducation, elles auroient un lustre qu'elles n'ont pas maintenant, et seroient par cette raison plus recherchées. D'ailleurs, le sacrifice d'une somme considérable qui pourroit tourner à la décharge des taillables, seroit une action marquée au coin de la justice et de la noblesse.

Lorsqu'un roturier se fait noble, la taille qu'il payoit, tombe immédiatement sur les taillables, et c'est ce qui excite si fort leurs plaintes contre le grand nombre de privilégiés. Ils ont raison quant à eux ; mais l'Etat ne devroit pas voir la chose du même œil ; car un nouveau noble, et dans la supposition faite ils seroient tous très-riches, devenant grand consommateur pour se mettre au niveau de sa classe, les droits perçus sur les marchandises et les denrées à son usage et à celui de sa maison, monteront bien plus haut que la taille qu'il payoit. Ces grands consommateurs traînent à leur suite les arts, et les artisans de toutes sortes ; ils peuplent les villes, non aux dépens des campagnes, la chose est impossible, car il faut plus de cultivateurs en raison qu'il y a plus de consommateurs ; et ce sont ces grands consommateurs qui font rendre, par exemple, aux entrées de Paris, un produit beaucoup plus considérable que ne l'est le revenu de quelques Etats de l'Europe.

Résumons. La noblesse ne pouvant se perpétuer par elle-même, il faut nécessairement la recruter. La donnera-t-on gratuitement, ou la vendra-t-on aux hommes qui ont fait

H 2

preuve de capacité ; car, c'en est une, que de s'élever au dessus des autres par les richesses que l'on acquiert ?

Dans le premier cas, on s'exposeroit à avoir pour nobles bien des intrigans. Dans le second, en supposant le même inconvénient, du moins la vénalité seroit une source de revenus pour l'Etat.

La Noblesse acquise à prix d'argent, ne mérite pas une grande considération ; mais si à la Cour, dans le Militaire, dans la Magistrature et dans l'Administration, l'homme nouveau se conduit par la justice et avec magnanimité, il s'en noblit véritablement, et il est digne de la vénération publique.

Finissons par les fonctions des Secrétaires du Roi et des Commensaux.

Les Secrétaires du Roi qui ne suivent pas le Sceau, et qui ne servent pas auprès des Cours auxquelles ils sont attachés, n'ont d'autres fonctions, quand ils restent chez eux, que de collationner quelques titres ; et comme c'est le plus grand nombre, cet excédent est véritablement de trop, et inutile à tous autres égards, si ce n'est à fournir son contingent à la pépiniere de la Noblesse.

Les Commensaux sont si nombreux, que quoique plusieurs d'entr'eux n'aient que des fonctions dans les grandes cérémonies de mort et de couronnement de nos Rois, il en reste encore dans ces circonstances très-rares, un si grand nombre chez eux, que cela seul prouve leur inutilité. Dans les temps des grands Vassaux, il falloit que nos Rois fussent supérieurs en tout, même en nombre de domestiques ; c'est sans doute la raison pour laquelle il y a tant de ces charges inutiles.

*CALCULS pour trouver le nombre des Garçons admis au sort de la Milice dans les campagnes et petites villes de la France.*

JE ne sais quelle empreinte l'homme a mis sur tout ce qu'il exige de ses semblables, et qui leur fait répugner à ce qu'ils devroient rechercher comme honorable; en effet, celui qui contribue le plus au besoin de l'Etat par l'impôt qu'il paye, celui qui fournit un plus fort contingent dans les travaux publics, et celui qui par le sort va devenir un des défenseurs de la Patrie, au lieu d'être avilis sous la dénomination de taillable, de corvéable et de milicien, ne devroit-il pas s'enorgueillir de sa grande utilité dont il est à l'Etat? Sans doute, une des peines attachées à l'humanité, est de ne pas voir les choses sous leur vrai point de vue, et la preuve qu'on n'a pas fait autant de chemin qu'on le croit vers la vérité, c'est que pour l'ordinaire on est plus attaché à un léger intérêt personnel, qu'au bien général; et cependant ce n'est que dans la félicité publique que les individus peuvent trouver la leur; car comment être heureux si ce qui nous environne ne l'est pas?

J'ai trouvé dans une des Généralités du Royaume 12601 garçons admis au sort dans le tirage de 1786, je laisserai les 601 garçons pour les variations en moins, qu'il y a nécessairement d'un tirage à l'autre, et je laisserai en bénéfice les variations en plus pour former une année commune de 12000 garçons.

Dans cette Généralité, il y a au moins 36000 garçons au dessus de 14 ans, et . . . . . . . 18000 domestiques.

TOTAL . . . . . 54000

C'est ce nombre de 54000 qui a fourni les 12000 garçons

non exempts, ayant la taille requise, et se trouvant sans infirmités qui aient pu les rendre incapables de servir et d'être admis au sort.

Ainsi, dans cette Généralité, sur les garçons de 14 ans et au dessus, et les domestiques, il y a deux hommes admis au sort sur neuf : en appliquant cette proportion à tout le Royaume, et en supposant que dans les campagnes et petites villes il y

| | | |
|---|---|---|
| ait ci . . . . . . | 1924000 | garçons de 14 ans et |
| au dessus, et . . . . | 920000 | domestiques. |
| TOTAL . . . | 2844000 | |

Il y auroit donc dans les campagnes et petites villes du Royaume, année commune, au moins 600,000 garçons admis au sort : par conséquent pour avoir les 60,000 hommes de milice, il faudroit en prendre 1 sur 10 et 1 sur 60 pour remplacer la sixieme partie qui est renvoyée tous les ans par congé ; mais comme il y a toujours des morts et des absens dans la Généralité dont il s'agit, on prend annuellement 1 homme sur 54 garçons admis au sort.

# NOUVELLES RECHERCHES SUR LA POPULATION DE LA FRANCE.

## SECONDE PARTIE.

*L'IGNORANCE cause de la diversité des opinions.*

LES cartes de M. de Cassini ont déterminé invariablement l'étendue de la France, ses bornes et ses limites; et ce grand ouvrage du regne de Louis XV, sera peut-être dans l'avenir, un préservatif contre les guerres de démarcation.

J'ai voulu dans la premiere Partie de cet Ouvrage constater la population du Royaume à l'époque de 1780. Ce fanal préservera nos descendans des discussions qui nous ont agités : les uns disoient : sous Charles VII, la France étoit plus peuplée qu'aujourd'hui; les autres répondoient : où sont donc les villes détruites, les maisons abandonnées, les terreins en friche qui furent autrefois cultivés? Considérez qu'il y a beaucoup de Novales, ce qui suppose des défrichemens; remarquez aussi que presque par-tout, les Eglises sont trop petites pour contenir le peuple; toutes ces probabilités concluent en faveur de notre temps; mais les probabilités n'empêchent pas la diversité des opinions.

Il auroit été très-curieux de présenter le tableau de la population de la France aux époques de 1700, de 1740 et de 1780, mais ces recherches n'ont pas été faites; tout ce que je puis, c'est de présenter la population des Généralités d'Auvergne, de Lyon et de Rouen, et de plusieurs villes, à deux ou trois époques différentes, et ces divers tableaux composeront cette seconde partie de mon Ouvrage.

Il n'y aura dans ces tableaux que l'année commune des naissances; parce que dans le Livre de M. Necker, les mariages et les morts y sont *in globo*, excepté pour la ville et la Généralité de Lyon, où j'ai été à portée de faire la recherche des naissances, mariages et morts de 1776 à 1786.

*POPULATION de la Généralité d'Auvergne.*

| Année commune des Naissances. | |
|---|---|
| De 1747 à 1756. | De 1771 à 1780. |
| 24604 | 25974 |

*POPULATION des villes de Clermont et Riom.*

| VILLES. | Année commune des Naissances. | | |
|---|---|---|---|
| | De 1690 à 1699. | De 1753 à 1762. | De 1771 à 1780. |
| CLERMONT. | 611 | 746 | 841 |
| RIOM. | 420 | 452 | 538 |
| | 1031 | 1198 | 1379 |

*POPULATION de la Généralité de Lyon.*

| ELECTIONS. | ANNÉE COMMUNE DES NAISSANCES. | |
|---|---|---|
| | De 1749 à 1758. | De 1776 à 1785. |
| LYON. | 2839 | 3118 |
| VILLEFRANCHE. | 3546 | 3978 |
| ROANNE. | 3440 | 3264 |
| SAINT-ETIENNE. | 4149 | 4511 |
| MONTBRISON. | 3764 | 3777 |
| LE FRANC-LYONNOIS. | 234 | 252 |
| | 17972 | 18900 |

*POPULATION de la ville de Lyon aux époques de 1700, 1762 et 1786.*

| PAROISSES. | NAISSANCES. | | | MARIAGES. | | | MORTS. | | |
|---|---|---|---|---|---|---|---|---|---|
| | De 1690 à 1700. | De 1752 à 1762. | De 1776 à 1786. | De 1690 à 1700. | De 1752 à 1762. | De 1776 à 1786. | De 1690 à 1700. | De 1752 à 1762. | De 1776 à 1786. |
| SAINT-NIZIER. | 15631 | 15824 | 15127 | 3179 | 3755 | 4775 | 11032 | 7768 | 7430 |
| SAINT-PIERRE. | 5643 | 6018 | 7107 | 1410 | 1540 | 2246 | 2886 | 3138 | 3892 |
| SAINT-PAUL. | 4581 | 4804 | 5334 | 969 | 919 | 1183 | 2719 | 2702 | 2797 |
| LA PLATIERE. | 2742 | 3094 | 3197 | 815 | 1027 | 945 | 2259 | 1861 | 1728 |
| SAINT-MARTIN D'AINAY. | 1520 | 2431 | 3113 | 415 | 782 | 1144 | 1213 | 1631 | 2278 |
| SAINT-GEORGE. | 1602 | 1903 | 2425 | 326 | 408 | 626 | 1119 | 1108 | 1047 |
| SAINT-VINCENT. | 1576 | 1882 | 2129 | 347 | 518 | 531 | 1277 | 1081 | 1065 |
| SAINTE-CROIX. | 1575 | 1542 | 1684 | 486 | 494 | 523 | 875 | 1004 | 1149 |
| LA GUILLOTIERE. | 1064 | 1471 | 2212 | 268 | 237 | 445 | 942 | 790 | 1439 |
| SAINT-PIERRE-LE-VIEUX. | 573 | 794 | 921 | 157 | 202 | 261 | 211 | 589 | 643 |
| SAINT-JUST. | 527 | 760 | 894 | 173 | 179 | 231 | 658 | 555 | 670 |
| SAINT-IRENÉE. | 310 | 406 | 447 | 83 | 79 | 85 | 422 | 301 | 821 |
| VAIZE. | 354 | 379 | 535 | 97 | 105 | 144 | 363 | 216 | 349 |
| FOURVIERES. | 51 | 64 | 56 | 11 | 38 | 42 | 39 | 35 | 43 |
| *TOTAUX.* | 37749 | 41372 | 45181 | 8736 | 10283 | 13181 | 26015 | 22779 | 25351 |
| ANNÉE COMMUNE. | 3775 | 4137 | 4518 | 873 | 1028 | 1318 | 2601 | 2278 | 2535 |

Ce dernier Tableau présente une augmentation progressive dans la population de la ville de Lyon ; et ce qui doit étonner, c'est qu'on y étoit persuadé que le nombre des habitans avoit diminué durant les dix années de 1776 à 1786 : on ne parloit que d'émigrations et de maisons à louer ; c'est ainsi que les erreurs se répandent, et qu'elles s'accréditent.

De 1762 à 1786, on a fait deux grandes entreprises à Lyon ; on a bâti le beau quartier S. Clair, et exécuté les grands travaux Perrache ; ce sont deux nouveaux quartiers ajoutés à la ville.

L'effet marqué dans ce tableau du quartier S. Clair, c'est d'avoir augmenté la Paroisse de S. Pierre d'environ un sixieme, tandis que la Paroisse de S. Nizier, limitrophe de celle de S. Pierre, est diminuée d'environ un vingt-deuxieme.

Les travaux Perrache paroissent avoir été très meurtriers à la Paroisse d'Ainay, dont les morts, sans y comprendre celles de l'hôpital, se sont élevées de 1600 à 2200. Il est vrai que les naissances de cette Paroisse ont été de 3113, de 1776 à 1786, et qu'elles n'étoient que de 1431, de 1752 à 1762 ; mais la mortalité n'en est pas moins considérable, puisqu'elle a absorbé presqu'entiérement l'augmentation des naissances.

La Paroisse de S. Irenée située sur le côteau qui répond aux travaux Perrache, paroît avoir encore plus souffert des eaux stagnantes dans l'étendue de ces travaux ; car le nombre des morts dans cette Paroisse a été de 821, de 1776 à 1786, tandis qu'il n'avoit été que de 301, de 1752 à 1762, ce qui est d'autant plus effrayant, que ce nombre de 831 morts est presque le double des naissances.

Cependant, malgré la mauvaise influence de ces travaux Perrache, la population de la ville de Lyon n'en est pas moins augmentée depuis 1700, dans le rapport de 37 à 45.

*POPULATION de la ville de Saint-Etienne en Forez, aux époques de 1709, 1757 et 1785.*

| PAROISSES. | NAISSANCES. | | | MARIAGES. | | | MORTS. |
|---|---|---|---|---|---|---|---|
| | De 1700 à 1709. | De 1748 à 1757. | De 1776 à 1785. | De 1700 à 1709. | De 1748 à 1757. | De 1776 à 1785. | |
| SAINT-ÉTIENNE. } NOTRE-DAME. } | 8373 | 8383 | 10056 | 1425 | 1456 | 1988 | |

J'avois toujours soupçonné d'inexactitude les états de naissances et mariages de la ville de S. Etienne, ne pouvant pas croire qu'une Ville de manufacture et de commerce, pût rester au même état pendant l'espace de 60 ans; en y arrivant, mon premier soin fut de vérifier les registres, et je fus alors convaincu que les états envoyés à M. de la Michodiere étoient exacts.

*POPULATION de la Ville de Montbrison.*

| ANNÉE COMMUNE DES NAISSANCES. | | |
|---|---|---|
| De 1690 à 1699. | De 1748 à 1757. | De 1776 à 1785. |
| 211 | 189 | 176 |

Ce Tableau présente une population décroissante ; on peut l'attribuer à deux causes : la premiere, au mauvais air et aux mauvaises eaux, inconvéniens communs à cette ville et à toute la plaine du Forez, et qui y occasionnent des fievres intermittentes pendant les grandes chaleurs de l'été.

La seconde, c'est qu'il n'y a point d'industrie dans cette ville, dont les seules ressources sont d'être le Siege principal de la Justice du Forez, et la résidence, pendant l'hiver, des familles nobles et des grands Propriétaires du Canton.

*POPULATION de la Ville de Roanne.*

| ANNÉE COMMUNE DES NAISSANCES. | | |
|---|---|---|
| De 1689 à 1698. | De 1749 à 1758. | De 1776 à 1785. |
| 203 | 263 | 283 |

Cette Ville située sur la Loire est un grand entrepôt des marchandises qui y arrivent pour être embarquées sur ce Fleuve. Ses Habitans participent au commerce comme Commissionnaires, comme Marchands de vin, et comme Marchands de charbon de pierre, venant des mines situées aux environs de S. Etienne.

Les bateaux qui se construisent au Port de S. Just sous la Loire, à dix lieues au dessus de Roanne, descendent tous chargés plus ou moins de ce charbon; arrivés à Roanne, ils sont retouchés et mis en état de prendre de plus grands chargemens; ce sont ces bateaux qui en descendant la Loire, entretiennent sa navigation.

L'air et les eaux de Roanne sont aussi favorables à ses Habitans, que l'air et les eaux de Montbrison sont nuisibles; aussi la population de Roanne va toujours en croissant.

*Population de la Ville de Villefranche.*

| Année commune des Naissances. | | |
|---|---|---|
| De 1701 à 1710. | De 1749 à 1758. | De 1776 à 1785. |
| 103 | 149 | 189 |

Cette Ville a le double avantage d'une bonne culture, et de participer aux fabriques de toiles qui vivifient l'Election de Villefranche, en occupant utilement les habitans des montagnes.

Villefranche participe aussi au commerce de la Saône dont elle est très à portée, en y embarquant ses excellens vins connus sous le nom de Beaujolois.

Avec tant d'avantages, il n'est pas étonnant que cette ville et cette Election augmentent en nombre d'habitans.

*POPULATION de la Ville de Saint-Chamont.*

| ANNÉE COMMUNE DES NAISSANCES. | | |
|---|---|---|
| De 1699 à 1708. | De 1749 à 1758. | De 1776 à 1785. |
| 188 | 195 | 191 |

K

*POPULATION de la Généralité de Rouen, y compris la ville de Rouen.*

| ANNÉE COMMUNE DES NAISSANCES. | |
|---|---|
| De 1751 à 1761. | De 1771 à 1780. |
| 27295 | 28233 |

*POPULATION de la ville de Rouen, du Havre-de-Grace et de Dieppe.*

| VILLES. | ANNÉE DES NAISSANCES. | | |
|---|---|---|---|
| | De 1690 à 1699. | De 1752 à 1761. | De 1771 à 1780. |
| ROUEN. | 2449 | 2270 | 2436 |
| LE HAVRE-DE-GRACE. | 504 | 537 | 654 |
| DIEPPE. | .. | 649 | 618 |

*POPULATION de la Ville de Paris.*

| ANNÉE COMMUNE DES NAISSANCES. | | |
|---|---|---|
| De 1709 à 1718. | De 1752 à 1761. | De 1771 à 1780. |
| 16988 | 19221 | 20020 |

La Garde de Paris confiée aux Gardes Françoises, au Guet à cheval et à pied, le Logement des Gardes Suisses dans quelques quartiers et aux environs, et sur-tout la grande surveillance de la Police, assurent la tranquillité de cette grande Ville.

Les Réverberes qui l'éclairent, et qui donnent de la lumiere jusqu'à Versailles, forment une illumination toutes les nuits de la plus grande magnificence et de la plus grande utilité.

Les nombreuses constructions qu'on a faites au Nord du Boulevard de la porte de S. Antoine, à la porte S. Honoré, au Palais Royal, aux Quinze-vingts, à la Comédie Italienne, à la Comédie Françoise, etc. ont augmenté le nombre des maisons et des hôtels dans une proportion beaucoup plus grande que l'augmentation de la population présentée par le tableau qu'on vient d'en donner, en sorte que s'il n'y a point de maisons vuides, c'est qu'on y est logé plus au large qu'autrefois.

La grande entreprise de MM. Perrier pour donner de l'eau à la partie de Paris située sur la rive droite de la Seine, en plaçant une pompe à feu à la barriere de la Conférence, pour porter l'eau de la riviere sur le côteau de Chaillot, et de là, la faire couler à ses diverses destinations, fait l'éloge de ces hommes de génie , et la hausse des actions de cette compagnie, ne laisse aucun doute sur l'utilité de cette entreprise.

Le nétoiement du Pont de Notre-Dame, du Pont-au-Change, et du Pont-Marie, des bâtimens qui les surchargeoient, donnera la vue de la riviere, et facilitera la circulation de l'air.

Mais que dirai-je de la grande muraille qui doit clorre Paris ? Est-ce pour en borner l'étendue ? est-ce pour en augmenter la salubrité ? est-ce pour mettre ses habitans à l'abri de quelques surprises ? Non, c'est pour empêcher qu'aucunes denrées ou marchandises ne puissent entrer dans la Capitale, sans acquitter les droits auxquels elles sont assujetties ; maniere avouée par tous les principes d'une bonne administration, pour faire contribuer aux dépenses de l'Etat les gens riches, et les grands Capitalistes. Si je n'avois pas dit le mot de l'énigme, de grands Savans qui ne sont pas encore nés, auroient fait dans la suite sur cette muraille, des dissertations qui n'auroient pas eu de fin.

*POPULATION de la ville de Marseille et de son territoire.*

| ANNÉE COMMUNE DES NAISSANCES. | | |
|---|---|---|
| De 1696 à 1701. | De 1752 à 1757. | De 1771 à 1780. |
| 3405 | 3218 | 2946 |

*POPULATION de la Ville de Toulon.*

| ANNÉE COMMUNE DES NAISSANCES. | | |
|---|---|---|
| De 1690 à 1699. | De 1752 à 1761. | De 1771 à 1780. |
| 1416 | 1073 | 982 |

La Population de Marseille et de Toulon étoit diminuée de 1700 à 1760, il étoit naturel de l'attribuer à la peste de 1720. Mais cette population est encore diminuée de 1760 à 1780 d'environ $\frac{1}{10}$ : cette derniere observation est de la plus grande importance, et elle mérite l'attention de la Société Royale de Médecine, pour engager les Médecins de ces deux villes à en chercher les causes, et à en avertir le Gouvernement.

*POPULATION de la ville d'Aix.*

| ANNÉE COMMUNE DES NAISSANCES. | | |
|---|---|---|
| De 1690 à 1699. | De 1751 à 1761. | De 1771 à 1780. |
| 988 | 822 | 841 |

*POPULATION de la ville de Montauban.*

| ANNÉE COMMUNE DES NAISSANCES. | | |
|---|---|---|
| De 1700 à 1709. | De 1749 à 1758. | De 1771 à 1780. |
| 607 | 602 | 701 |

*POPULATION de la ville de Carcassonne.*

| ANNÉE COMMUNE DES NAISSANCES. | | |
|---|---|---|
| De 1689 à 1698. | De 1749 à 1758. | De 1771 à 1780. |
| 494 | 523 | 564 |

*RÉCAPITULATION des précédens Tableaux, pour connoître l'augmentation qu'il y a dans la population actuelle, comparée avec celle qui existoit il y a 20, 25 et 30 ans.*

| GÉNÉRALITÉS. | ANNÉE COMMUNE DES NAISSANCES. | |
|---|---|---|
| | PREMIERE ÉPOQUE. | ÉPOQUE ACTUELLE. |
| RIOM. | 24604 | 25974 |
| LYON. | 22109 | 23418 |
| ROUEN. | 27295 | 28233 |
| *VILLES.* | | |
| PARIS. | 19221 | 20020 |
| MARSEILLE. | 3218 | 2946 |
| TOULON. | 1073 | 982 |
| AIX. | 822 | 841 |
| MONTAUBAN. | 602 | 701 |
| CARCASSONNE. | 523 | 564 |
| | 99467 | 103679 |

*Ordre de mortalité de* 101534 *morts tirés des Registres mortuaires de trois paroisses de Paris et de douze paroisses de la Campagne* : Recherches de M. Dupré de Saint-Maur. — *Des villes de Lyon, Rouen, et du Bailliage de Lions-la-Forêt, Généralité de Rouen* : Recherches de M. de la Michodiere. — *De la ville de Saint-Etienne en Forez* ; Recherches de M. Messance.

| De la Naissance à 5 ans. | De 5 ans à 10. | De 10 ans à 20. | De 20 ans à 30. | De 30 ans à 40. | De 40 ans à 50. | De 50 ans à 60. | De 60 ans à 70. | De 70 ans à 80. | De 80 ans à 90. | De 90 ans à 100. | Et au-delà. | TOTAL. |
|---|---|---|---|---|---|---|---|---|---|---|---|---|
| 38247 | 7121 | 6220 | 7169 | 6790 | 7189 | 7776 | 9143 | 7741 | 3546 | 553 | 39 | 101534 |
| 63287 | 56166 | 49946 | 42777 | 35987 | 28798 | 21022 | 11879 | 4138 | 592 | 39 | | |
| 101534 | 63287 | 56166 | 49946 | 42777 | 35987 | 28798 | 21022 | 11879 | 4138 | 592 | | |

La premiere ligne présente les morts de chaque période,
La seconde montre ceux qui y sont arrivés.
Et l'addition prouve l'exactitude du calcul.

Avec ces donnés, tout calculateur pourra déterminer les probabilités sur la durée de la vie des hommes, pour chacune des 12 périodes, comme je l'ai fait dans le tableau que je donnai

à

à M. de la Michodiere, en 1773, et que j'envoyai à M. de Voltaire en 1775, à l'invitation d'un de ses amis; on sera peut-être bien aise de voir ici la réponse qu'il me fit.

---

## *Lettre de M. de Voltaire à M. Messance.*

Ferney, le 20 Février 1775.

*J'ai reçu, Monsieur, ma condamnation, par livres, sous et deniers, que vous avez eu la patience de faire, et la bonté de m'envoyer. J'admire votre sagacité, et je me soumets à mon arrêt sans aucun murmure. Tout le monde meurt au même âge; car il est absolument égal, quand on en est là, d'avoir vécu vingt heures ou vingt mille siecles.*

*M. le Contrôleur général des Finances avoit sans doute notre néant devant les yeux, quand il a établi ses rentes viageres. J'ai fait mettre au chevet de mon lit mon compte final, dont je vous ai beaucoup d'obligations. Rien n'est plus propre à nous consoler des miseres de cette vie, que de songer continuellement que tout est zéro.*

*Ce qui est très-réel, c'est l'exactitude de votre travail, son utilité, et la reconnoissance que je vous dois. Ce sont les sentimens avec lesquels j'ai l'honneur d'être, etc.*

*TABLEAU de la consommation du sel, et de son prix dans toute l'étendue de la France.* (*)

| DÉNOMINATION DES PAYS. | Nombre des Habitans. | CONSOMMATION. Quantité de Mesures de Sel du poids de cent livres. | CONSOMMATION. Par Tête. | Prix du Quintal. | Total du Produit. |
|---|---|---|---|---|---|
| | | | | l. s. | |
| Grandes Gabelles. | 8300000 | 760000 | 9 liv. ½. | 62 | 47120000 |
| Petites Gabelles. | 4600000 | 540000 | 11 ¼. | 33 10 | 18090000 |
| Salines. | 1960000 | 275000 | 14 | 21 10 | 5910000 |
| Pays Rédimés. | 4625000 | 830000 | 18 | 8 | 6640000 |
| Provinces Franches. | 4730000 | 850000 | 18 | 4 | 3400000 |
| Pays de Quart-Bouillon. | 585000 | 115000 | 19 | 16 | 1840000 |
| | 24800000 | 337000 | | | 83000000 |

(*) Il faut voir les détails dans le livre de M. Necker, sur l'Administration des Finances.

## TABAC.

*La vente exclusive porte sur 22 millions d'ames, et s'éleve à 15 millions de livres, lesquelles à 3 liv. 2 sous, montent à 46,500,000, ce qui revient à un peu plus de 42 sous par tête.*

On n'a sur les consommations que des notions très-vagues. M. Necker a constaté la consommation du Sel et du Tabac. J'en ai établi les résultats ci-dessus; ce sera pour l'avenir une base de comparaison. L'ignorance où nous sommes, lorsque nous voulons parler sur ces matieres, démontre la nécessité de multiplier ces sortes de bases, et nous fait regretter que ceux qui nous ont précédés, n'aient pas eu cette attention.

## DU LUXE.

IL n'existe pas pour celui qui, avec sa propriété ou son industrie, ne peut se procurer que l'absolu nécessaire. Le riche qui peut faire servir sur sa table ce que la terre et les eaux produisent de plus exquis, qui se couvre de linges et d'habits les plus superbes, qui a des carrosses et des chevaux, et un grand nombre de valets à ses gages, une habitation vaste, meublée et décorée partout ce que les arts et le goût ont inventé de plus magnifique, des parcs et des jardins, tant à la ville qu'à la campagne; cet homme a du luxe. Si à côté de lui, un imprudent veut, sans calculer ses capitaux et ses revenus, faire la même dépense, il tombera dans la misere, on l'attribuera au luxe, et cependant ce n'est qu'une folie qui ruine son auteur, et fait tort à ses créanciers.

L'homme riche est utile à tous ceux qu'il employe pour son luxe; il fait part de ses richesses à ceux qui n'ont pour vivre que le travail de leurs mains. Il donne aux non-propriétaires les moyens de subsister, et par là, il augmente les consommateurs, et par conséquent le nombre des habitans, et la somme des productions.

Le fou se perd et fait du mal aux autres.

En un mot, pour avoir du luxe, il faut un revenu très-supérieur aux besoins communs.

Ainsi ce qui est luxe est utile à la société; mais les folies en sont les fléaux.

### *Si la multiplication des fourrages et le grand nombre de Chevaux diminuent les subsistances propres à nourrir les Hommes.*

Pour que cela fût vrai, il faudroit que les terreins laissés en prairies et en pâturages pussent produire plus de subsistances destinées à nourrir les hommes, que les fumiers et les engrais résultans de la consommation des chevaux n'en font rendre aux terres sur lesquelles ils sont répandus, en sus de ce qu'elles auroient donné, sans être fumées; or, ce calcul n'a pas été fait, et jusques là, la question restera indécise.

Sans les fumiers, sans les engrais de la Capitale et des autres villes du Royaume, que seroit la culture de leurs environs? elle seroit semblable à toute culture éloignée des habitations.

Quand on se promene dans la campagne, si l'on est frappé de l'abondante récolte d'un champ, à coup sûr c'est qu'il est proche de la ville, du village ou de l'habitation, c'est-à-dire, des fumiers et des engrais.

Que les observateurs se transportent dans les Cantons où les engrais manquent, qu'ils comparent et qu'ils jugent.

Quand on examine le nombre des chevaux de la Cavalerie, et de ceux employés dans les grandes Villes, les pâturages où ils ont été élevés, et les prairies qui les nourrissent, se présentent à l'imagination, et l'on croit perdus pour les hommes les terreins occupés pour les chevaux; mais la raison exige préalablement qu'on fasse le calcul ci-dessus, et sur-tout que l'on ne perde jamais de vue, que sans engrais, la terre ne donneroit que de foibles récoltes, et que pour en avoir d'abondantes, il faut du fumier.

Enfin, quel peut être le but des Ecrivains qui ont déclamé contre le grand nombre de chevaux ? ont-ils voulu par là porter le Gouvernement à forcer les propriétaires à se livrer à une culture plutôt qu'à une autre ? Certes, cette réflexion doit les frapper. C'est bien alors que tout seroit blessé ; car la force et les richesses de la Société n'étant que l'addition des forces et des richesses des individus, s'ils étoient gênés dans leurs opérations relatives à la culture de leurs champs, leurs intérêts en souffriroient, et bientôt le Roi et la Nation seroient les victimes de cette erreur.

Lorsque le prix d'une denrée diminue, les cultivateurs attentifs en abandonnent la culture, et y substituent la culture de la production d'un plus haut prix ; ce calcul de l'intérêt particulier fait le bien général, en ramenant successivement le niveau dans le prix des diverses subsistances, et ce prix n'est autre chose que le remboursement de toutes les dépenses de la culture et de l'intérêt du capital de la propriété.

## *Si les Villes dépeuplent les Campagnes.*

ON a dit : les Villes dépeuplent les Campagnes, et ce sont les Auteurs qui ont le plus d'autorité.

Je ne les suivrai pas dans leurs raisonnemens ; à ma maniere, je regarderai ce qui est, je le rapporterai, et pour qui seront les faits, le procès sera gagné.

Si je voulois faire un long discours, je m'étendrois sur toutes les productions que les habitans des Villes consomment ; je dirois combien il faut de cultivateurs pour les cultiver, et j'aurois soin de n'employer dans mes calculs que les subsistances fournies par le sol de la France ; mais cela passeroit les bornes que je me suis prescrites.

J'ai demandé ci-devant, pourquoi les campagnes et petites villes du nord de la France étoient plus peuplées que le milieu et le midi ; maintenant je peux répondre moi-même à cette question : c'est qu'il y a un plus grand nombre de villes dans le nord de la France que dans ses deux autres parties, et jusqu'à ce qu'on ait démontré que c'est à une autre cause que le nord de la France doit sa grande population, le grand nombre de villes qui y existent et qui forment un grand nombre de consommateurs, peuvent en être regardées comme une des causes principales, si elle n'est pas unique ; et dans ce cas, les villes peupleroient les campagnes, ce qui seroit le contraire de ce qu'on a dit.

En parlant du Berry, j'ai entendu dire toute ma vie : si cette Province avoit des grandes routes pour lui procurer le débouché de ses denrées, elle auroit peu de choses à envier aux autres ; j'ajouterai que le moyen d'accélérer la bonification de cette partie de la France, ce seroit d'y faire naître des villes de consommation par l'industrie et les fabriques dont elle peut être susceptible; car ce sont les consommateurs les plus proches du lieu où croissent les subsistances, qui sont les plus utiles à la culture.

Le Berry, et toutes les autres Provinces du milieu de la France sont agricoles; elles envoient l'excédent de leurs productions au nord et au midi; et dans le nord, dans le midi, et vers le couchant sont les grandes fabriques et le grand commerce du Royaume.

NOUVELLES

# NOUVELLES RECHERCHES SUR LA POPULATION DE LA FRANCE.

## TROISIEME PARTIE.

*De l'Impôt payé par les Propriétés des Nobles, et de celui levé sur les Propriétés des Cultivateurs taillables.*

CE que le Noble cede à son Fermier est égal :

1°. A l'entretien et à la nourriture du Fermier et de sa Famille :

2°. A la nourriture et aux gages des Domestiques qui aident le Fermier dans sa culture.

3°. A l'entretien du bétail et des outils d'agriculture.

4°. A un bénéfice quelconque qui aide le fermier à élever et à établir sa famille.

5°. A la dixme.

6°. A l'impôt particulier du fermier.

Enfin, au prix de la ferme qui est la portion revenant au propriétaire.

Le Propriétaire cultivateur, par son travail, et celui de sa famille, trouve dans son bien tous les avantages du fermier et du propriétaire.

Le prix de la ferme est la base qui sert de regle à l'impôt, qui porte sur la culture et sur la propriété.

Suivant les Réglemens, la taille doit être partagée également entre le propriétaire et le fermier, et peut s'élever pour chacun, aux deux sous pour livre du bail. C'est sur ce pied que je vais calculer, en observant que la comparaison n'en sera pas moins juste, quoique je cave par là au plus fort, parce que la taille du fermier sera moindre, si celle du propriétaire l'est.

EXEMPLE.

Un Domaine affermé 1000 liv. payera pour la taille de culture en principal . . . . . . . . . . . . . . 100 l.

En Subsidiaires et Capitation . . . . . . . 125

Total de l'impôt du fermier . . . . . . 225

Le bien du Noble est exempt de la taille de propriété ; mais il doit les deux Vingtiemes et deux sous pour liv. ci . . . . . . . . . 110

Total de l'impôt territorial . . . . . . . 335

Si on le compare au prix de la ferme, il est plus du tiers.

Un Domaine d'égale valeur, appartenant à un propriétaire cultivateur taillable, payera pour la culture, ci . 100

| | |
|---|---|
| Accessoires et Capitation . . . . . . . . . | 125 |
| Pour la propriété, ci . . . . . . . . . . . | 100 |
| Accessoires et Capitation . . . . . . . . . | 125 |
| Deux vingtiemes et deux sous pour livres . . . | 110 |
| Total de l'impôt territorial payé par le bien du taillable . . . . . . . . . . . . | 560 |

Si on le compare aux 1000 liv. il est plus de la moitié.

| | |
|---|---|
| Le revenu du Noble est de . . . . . . . | 1000 |
| Son impôt étant de . . . . . . . . . . . | 110 |
| Il lui reste . . . . . . . . . . . . . . | 890 |

| | |
|---|---|
| Le revenu du taillable est de . . . . . . | 1000 |
| Son impôt territorial, déduction faite de la taille de cultivateur, prise sur la partie abandonnée pour les dépenses de la culture, monte pour la propriété à . . . . . | 335 |
| Il lui reste donc . . . . . . . . . . . . | 665 |
| Il a donc 225 liv. de moins que le Noble, somme égale à la taille de propriété . . . . . . . . . . . . . . . . | 225 |
| Le revenu du Noble étant comme on vient de le dire de . . . . . . . . . . . | 890 |

Si l'on supposoit que le Noble n'eût pour subsister, lui et sa famille, que le bien affermé 1000 liv., il seroit obligé de faire toutes ses dépenses avec les 890 liv. tandis que le taillable auroit réellement de reste, toutes ses dépenses payées, 665 liv., justes fruits de ses travaux : et c'est sans doute sur un semblable apperçu qu'est fondée l'opinion reçue que le propriétaire cultivateur retire de plus grands avantages de sa propriété que celui qui, par état ou autrement, est obligé de la donner en ferme.

### De la répartition de la Taille.

Je n'éleverai point ma voix, pour me trouver en opposition avec tout le monde, dans l'opinion où l'on est que cet impôt est mal réparti. Je n'avancerai pas non plus qu'il l'est bien ; mais je dirai avec assurance que personne n'a fait les recherches nécessaires pour savoir si les inégalités sont aussi multipliées et aussi considérables qu'on l'imagine.

Si l'on regarde comme mauvaise répartition, lorsque six ne payent pas le double de 3 ; et 36, le triple de 12, il est très-vraisemblable que la répartition actuelle est vicieuse par-tout.

Mais si l'on regardoit comme bonne répartition, lorsque deux biens d'un produit à peu-près égal, payeroient l'un 100 et l'autre 110 ; dans ce cas, il est très-probable que la répartition actuelle ne seroit pas aussi vicieuse qu'on l'a cru jusqu'à présent.

Je n'ai trouvé nulle part sur quelle base la premiere répartition de la taille fut faite sur les Provinces, sur les Elections et sur les Communautés ; mais on peut présumer qu'elle le fut d'après des notions regardées dans le temps comme des connoissances à peu-près suffisantes sur la valeur des Provinces, des Elections et des Communautés.

L'on se tromperoit peut-être beaucoup, si l'on avoit la présomption de croire qu'on puisse obtenir sur cette matiere plus que des approximations.

Tout esprit juste en conviendra, s'il veut faire attention que la force et la richesse des Provinces, des Elections et des Communautés, n'est autre chose qu'une population, que des productions de l'industrie, des manufactures et du commerce, toutes choses qui varient sans cesse, et dont par conséquent la valeur est très-difficile à calculer; en sorte que je regarde, d'après ma propre expérience, que vouloir atteindre sur cette matiere à une exactitude arithmétique, ce seroit se proposer l'impossible.

L'on auroit tort, si l'on m'imputoit de vouloir par cette assertion décourager ceux qui, étant chargés d'approfondir l'état de la répartition actuelle, ont le zele louable de se mettre en état d'en faire une meilleure. Mon dessein au contraire est de les encourager, en leur montrant où ils peuvent aller, et en les invitant à se mettre en garde contre la préoccupation qui résulte de la recherche d'une chose introuvable.

En se persuadant d'avance qu'on ne peut atteindre qu'à des approximations, on approchera plus près de la vérité, l'on sera plus circonspect, et on se livrera moins à l'esprit de systême si dangereux en Finances.

Nous touchons au moment où cette répartition va être examinée par les Assemblées Provinciales; elle en recevra la sanction, ou elle sera modifiée, ou elle sera refondue entiérement.

Dans cette circonstance, j'ai pensé qu'il seroit utile de dire comment cette répartition s'est faite jusqu'à présent.

La répartition sur les Généralités a toujours été l'ouvrage du Conseil.

La répartition sur les Elections a toujours été l'ouvrage des Intendans.

Et la répartition de Paroisse à Paroisse a toujours été l'ouvrage des Départemens. On sait que M. l'Intendant, un membre du Bureau des finances, les Officiers de l'Election et le Receveur des tailles composent ces départemens, dans lesquels M. le Commissaire départi a la voix prépondérante.

Mais avant l'assemblée du département, M. l'Intendant demande aux Officiers de l'Election de faire, conjointement avec le Receveur des tailles et le Subdélégué, un ouvrage préparatoire, et c'est cet ouvrage qu'on lui présente au Département.

Ce qui a fait regarder cette répartition de la taille comme arbitraire, c'est le moins imposé, c'est-à-dire, la diminution qu'il plait au Roi d'accorder sur la taille fixée pour une Election; ce moins imposé étant tantôt plus fort et tantôt moindre, il en a résulté que la taille varioit presque toutes les années; l'état des Paroisses varioit donc aussi.

Depuis 1768, on ne procede plus par moins imposé; le Gouvernement y a substitué ce qu'on appelle remise, qui est une somme quelconque accordée pour les accidens, et qui est émargée sur les rôles en diminution des cotes des particuliers qui ont souffert des pertes. En 1776, il y eut un moins imposé; ce fut un retour momentané à l'ancien usage qui n'a pas reparu depuis.

Depuis cette époque, la somme de la taille n'a point varié.

Tel est l'état actuel de la répartition de la taille pour les Généralités et pour les Elections. Cet état de permanence a reçu une sanction légale par la belle Loi de 1780, qui porte que les deux Brevets ne pourront être changés que par une loi enregistrée dans les Cours. Voyez la Déclaration du mois de Février 1780, qui annonce l'égalisation de la taille.

La répartition de la taille de Paroisse à Paroisse est dans le cas de varier par quatre raisons.

La premiere, si l'on juge par de nouvelles connoissances acquises sur l'état des Paroisses, qu'il y en ait de trop ou trop peu imposées, on propose dans le département de les augmenter ou de les diminuer.

La seconde, lorsqu'à la faveur de la Déclaration de 1728, un taillable juge à propos de transporter sa taille d'une Paroisse, au lieu de son domicile, l'on conçoit que dans ce cas là Paroisse qui perd la cote, doit être diminuée, et la Paroisse qui la gagne, augmentée.

La troisieme, lorsqu'un Noble, ou autre qui en a les droits, qui donnoit fermier, veut faire valoir lui-même, la cote du fermier étant perdue, il est dans l'ordre d'en diminuer la Paroisse.

Enfin, lorsqu'un Taillable vend son bien à un Privilégié, ou lorsqu'un roturier devient noble ou privilégié, il est dans l'ordre de diminuer la Paroisse qui éprouve cette perte.

Les rejets ou le transport des cotes d'une Paroisse à l'autre se compensant, ne changent point l'état de l'Election; mais il n'en est pas de même des biens que les Nobles acquierent des taillables et des nouveaux privilégiés, ce sont des pertes réelles, et comme l'impôt total est toujours le même, il en résulte une augmentation de taille pour les taillables.

Pour parvenir avec moins de difficultés à la connoissance de la force et des richesses des Paroisses, seule base d'une bonne répartition, il faudroit que le tableau qu'elles présentent fût permanent; et l'on vient de voir que la déclaration de 1728, que les droits des Nobles de faire eux-mêmes valoir leurs propriétés, et que les nouveaux privileges acquis par les roturiers, changent sans cesse le tableau?

La faculté donnée aux taillables par la déclaration de 1728, de payer leur taille dans le lieu de leur habitation, est une faveur particuliere qui doit céder à l'intérêt général; d'ailleurs pourquoi la taille ne suivroit-elle pas l'ordre de situation des biens, comme les vingtiemes.

Le privilege de la noblesse de faire valoir et d'affranchir de la taille les biens qu'ils achetent des taillables et les nouveaux privileges, présentent plus de difficultés pour procurer aux Paroisses

Paroisses l'état de permanence qu'il faudroit qu'elles eussent, pour qu'on pût mieux constater leurs forces et leurs richesses respectives.

Les Assemblées Provinciales éprouveront dans leurs recherches combien les variations augmentent les difficultés; et leur zele pour le bien public les portera sans doute à proposer à Sa Majesté, les moyens qui leur paroîtront les plus efficaces pour parvenir à une parfaite égalisation.

En attendant cette heureuse révolution, et pour y contribuer en tout ce qui dépend de moi, j'ai relevé les rejets qui ont eu lieu dans l'Election de S. Etienne, pendant les 10 années de 1778 à 1788, j'ai trouvé qu'ils se sont montés à 4831 liv. 16 sous en gain, et autant en perte, ce qui fait pour l'année commune 483 liv. de variations entre les paroisses, en principal de taille; et comme le nombre des rejets est de 40 par année, les frais de ce jeu sont 40 sentences.

J'ai relevé aussi les pertes réelles que cette Election a faites durant les mêmes 10 années, et elles se sont montées à 11261 liv. 4 sous; il y a donc eu des particuliers déchargés de cette somme de principal de taille, qu'il a fallu répartir sur les taillables.

De ces pertes réelles, de ces rejets, et du principal de la taille des années 1778 et 1788, j'ai formé un tableau pour chacune des quatre parties par lesquelles j'ai toujours divisé mon Élection. Ces quatre tableaux et la récapitulation qui est à la suite, constatent d'une maniere claire et positive, l'état actuel de la répartition de la taille dans l'Election de S. Etienne, et c'est sur ces tableaux bien approfondis qu'on pourra juger quelle attention exige cette répartition, pour maintenir les Paroisses au même état les unes vis-à-vis des autres.

N

## RIVAGE DU RHOSNE

| NOMS DES COMMUNAUTÉS. | Principal de la taille de 1778. | Principal de la taille de 1788. | Rejets pris pendant les dix années de 1778 à 1788. En Gain. | | En Perte. | | Pertes réelles pendant les dix années de 1778 à 1788. | |
|---|---|---|---|---|---|---|---|---|
| | liv. | liv. | liv. | s. | liv. | s. | liv. | s. |
| GIVORS. | 6500 | 6170 | 24 | 4 | 6 | 12 | 44 | 2 |
| LOIRE. | 6960 | 7100 | 4 | 7 | 63 | 13 | | |
| SAINT-ROMAIN EN GALLES. | 2850 | 2920 | 16 | 9 | | | 45 | |
| SAINTE-COLOMBE. | 1940 | 1970 | | | 11 | | 15 | 10 |
| SAINT-CYR-LÈS-SAINTE-COLOMBE. | 1020 | 1040 | | | | | 4 | 17 |
| AMPUIS. | 8620 | 8910 | 79 | 4 | 56 | 1 | | |
| TUPINS ET SEMONS. | 1190 | 1280 | 59 | 17 | 77 | 17 | | |
| CONDRIEU. | 10840 | 11220 | 197 | 16 | 78 | | 58 | 15 |
| SAINT-MICHEL. | 1120 | 1210 | 19 | 6 | 51 | 3 | | |
| CHAVANAY. | 2910 | 3060 | 50 | 15 | 3 | 8 | 5 | |
| VERLIEU. | 2290 | 2350 | 70 | | 91 | 5 | | |
| SAINT-PIERRE-DE-BŒUF. | 3340 | 3410 | 8 | 2 | 33 | 3 | 52 | 19 |
| LIMONY. | 1070 | 1030 | | | 9 | | 76 | |
| SAINT-APOLINARD. | 2530 | 2620 | 167 | 5 | 152 | 7 | 2 | 19 |
| MACLAS. | 2810 | 2870 | 21 | 17 | 48 | 11 | | |
| VÉRANNE. | 1900 | 1970 | 213 | 14 | 161 | 14 | | |
| BESSEYS. | 1400 | 1500 | 75 | 3 | 34 | 5 | | |
| ROISEY. | 2990 | 3040 | 77 | 3 | 125 | 2 | | |
| MALVAL. | 1900 | 1700 | 59 | 9 | 68 | 16 | 225 | 10 |
| LUPÉ. | 630 | 710 | 77 | 11 | 13 | 9 | | |
| AMBUENS. | 3520 | 3470 | 17 | 14 | 164 | 14 | 12 | |
| PELUSSIN EN LYONNOIS. | 1250 | 1330 | 65 | 6 | 53 | 2 | | |
| VIRIEU. | 4120 | 4310 | 104 | 15 | 30 | | | |
| CHUYES. | 3680 | 3680 | 27 | 3 | 186 | 11 | | |
| LA CHAPELLE. | 720 | 750 | 13 | 11 | 8 | 5 | | |
| LES HAYES. | 1510 | 1570 | 46 | 4 | 17 | | | |
| | 79610 | 81190 | 1496 | 15 | 1544 | 18 | 542 | 12 |

## HAUT LYONNOIS.

| NOMS DES COMMUNAUTÉS. | Principal de la taille de 1778. | Principal de la taille de 1788. | Rejets pris pendant les dix années de 1778 à 1788. En Gain. | | Rejets pris pendant les dix années de 1778 à 1788. En Perte. | | Pertes réelles pendant les dix années de 1778 à 1788. | |
|---|---|---|---|---|---|---|---|---|
| | liv. | liv. | liv. | s. | liv. | s. | liv. | s. |
| SAINT-CHAMONT. | 11740 | 11210 | 65 | 14 | 143 | 15 | 1389 | 12 |
| IZIEU. | 4120 | 4180 | 83 | 15 | 131 | 1 | 137 | 1 |
| SAINT-MARTIN EN COALIEU. | 2800 | 2850 | 38 | 12 | | | 177 | 11 |
| SAINT-JULIEN EN JAREST. | 6410 | 6410 | 11 | | | | 313 | 11 |
| SAINT-PAUL EN JAREST. | 5160 | 5240 | 95 | 19 | 25 | 1 | 112 | |
| LE RECLUS ET LA PERINERY. | 2740 | 2800 | 40 | 16 | 37 | 2 | 14 | |
| FARNAY. | 2110 | 2160 | 56 | 12 | 46 | 7 | 7 | 10 |
| PAVESINS. | 3260 | 3360 | 13 | 17 | 1 | 5 | | |
| DOIZIEU ET LES FARNANCHES. | 4300 | 4470 | 55 | 10 | 24 | 14 | 63 | |
| LONGES ET TREVES. | 8400 | 8420 | 49 | 15 | 233 | | 95 | |
| SAINT-CHRISTO LACHAL, etc. | 2030 | 1970 | 9 | 17 | | | 113 | 13 |
| SAINT-ROMAIN EN JAREST. | 4500 | 4590 | 45 | 10 | 6 | 5 | 61 | 2 |
| CHAGNON. | 560 | 580 | 34 | 18 | 5 | 18 | | |
| CELLIEU. | 1990 | 2050 | 27 | 11 | 4 | | | |
| RIVE-DE-GIER. | 5750 | 6350 | 230 | 12 | 87 | 4 | 110 | |
| SAINT-GENIS TERRE-NOIRE. | 4730 | 4500 | 9 | 13 | 172 | 12 | 224 | |
| LA CULA. | 2900 | 2950 | 58 | 14 | 60 | 17 | | |
| CHATEAUNEUF. | 2340 | 2360 | 35 | 14 | 31 | 10 | 52 | 12 |
| SAINT-MARTIN LA PLAINE. | 7420 | 7680 | 65 | 9 | 9 | 12 | 74 | 15 |
| TARTARAS. | 2030 | 2060 | 29 | 7 | 5 | 5 | 33 | 6 |
| ECHALAS. | 3450 | 3570 | 3 | 15 | | | 20 | |
| DARGOIRE. | 940 | 920 | | | 7 | 5 | 20 | |
| SAINT-MAURICE. | 7460 | 7630 | 15 | 3 | 121 | 6 | 34 | 15 |
| SAINT-ANDOEL LE CHATEL. | 3130 | 3170 | 6 | 17 | 11 | 5 | 108 | 16 |
| SAINT-DIDIER. | 5410 | 5580 | 12 | 16 | 40 | 15 | 7 | 3 |
| RIVIRIE. | 1430 | 1620 | 84 | 13 | 6 | 2 | | |
| SAINTE-CATHERINE. | 3170 | 3090 | 14 | | 52 | 4 | 125 | 16 |
| MORNANS. | 8800 | 9060 | 39 | 6 | 6 | 17 | 67 | |
| TALUYERS. | 2470 | 2500 | | | 7 | 6 | 76 | 5 |
| SAINT-MARTIN EN HAUT. | 5560 | 5760 | | | 7 | 18 | 14 | 6 |
| CHAVAGNIEU. | 440 | 500 | 21 | 2 | 19 | 2 | | |
| | 127550 | 129590 | 1256 | 7 | 1305 | 8 | 3455 | 14 |

## *Pays de Montagnes.*

| NOMS DES COMMUNAUTÉS. | Principal de la taille de 1778. | | Principal de la taille de 1788. | | Rejets pris pendant les dix années de 1778 à 1788. En Gain. | | Rejets pris pendant les dix années de 1778 à 1788. En Perte. | | Pertes réelles de 1778 à 1788. | |
|---|---|---|---|---|---|---|---|---|---|---|
| | liv. | s. | liv. | s. | liv. | s. | liv. | s. | liv. | s. |
| Saint-Julien molin molette. | 1000 | | 1010 | | 46 | 5 | 13 | 14 | 34 | |
| Saint-Pierre en Colombaret. | 1130 | | 1070 | | 17 | 15 | | | | |
| Grais. | 910 | | 920 | | 2 | 11 | 6 | 2 | | |
| Villette en Colombaret. | 1510 | | 1390 | | 7 | 10 | 46 | 5 | 81 | 14 |
| Bourg-Argental. | 2930 | | 2920 | | 45 | 14 | 12 | 9 | 142 | 12 |
| Thelis et la Combe. | 1550 | | 1540 | | 3 | 19 | 20 | 17 | 64 | 7 |
| Argental. | 360 | | 340 | | | | 22 | 6 | 5 | |
| Versanne. | 1170 | | 1130 | | 19 | 12 | 45 | 16 | | |
| Burdigues et Montchal. | 2160 | | 2190 | | | | 23 | 8 | 20 | |
| Rocheblaine et Paillaret. | 2310 | | 2340 | | | | | | | |
| Saint-Sauveur et le Versain. | 1910 | | 1690 | | | | 2 | 14 | 230 | 17 |
| L'A-droit Saint-Sauveur. | 1710 | | 1720 | | 10 | | 8 | 8 | | |
| Le Montet de Montchal. | 590 | | 530 | | | | | | 69 | 10 |
| La Frachette. | 360 | | 360 | | | | | | | |
| La Rouchouse. | 410 | | 410 | | | | 10 | | | |
| La Faye et Marthes. | 1700 | | 1660 | | | | 85 | 5 | 100 | |
| La Faye et la Forie. | 2340 | | 1920 | | 37 | | | | 481 | 13 |
| Pralagier et le Champ. | 670 | | 610 | | | | | | 67 | |
| Pubert et la Frache. | 510 | | 520 | | | | | | | |
| L'Hopital du Temple. | 1730 | | 1680 | | | | 2 | 3 | | |
| Clavas et Marthes. | 640 | | 620 | | | | 24 | | | |
| Riotor en Joyeuse. | 410 | | 400 | | | | | | 20 | |
| Riotor en la Faye. | 760 | | 770 | | | | | | | |
| Clavas en Riotor. | 1140 | | 1150 | | | | | | | |
| Hauteville, la Côte et Laborie. | 510 | | 520 | | | | | | | |
| Olagnier. | 660 | | 680 | | 13 | 15 | | | | |
| Saint-Meras. | 260 | | 260 | | | | | | | |
| Jonzieu. | 2140 | | 2270 | | 95 | 10 | | | | |
| La Seauve bénite. | 950 | | 960 | | | | | | | |
| Saint-Just-lès-Velay. | 1340 | | 1330 | | | | 37 | 9 | | |
| Saint-Just en Cornillon. | 720 | | 740 | | 87 | 9 | | | | |
| Saint-Just en Feugerolles. | 1870 | | 1720 | | 23 | 17 | 7 | 7 | 130 | |
| Saint-Romain-les-Atteux. | 2050 | | 2150 | | 138 | 2 | 66 | 7 | | |
| Saint-Genest-Malifaux. | 1730 | | 1570 | | 35 | | | | 210 | 16 |
| Saint-Genest en Feugerolles. | 2430 | | 2260 | | 9 | 11 | 125 | 6 | 107 | 15 |
| La Montagne de S. Genest. | 1140 | | 1130 | | | | | | 20 | |
| Pleney en Rochetaillé. | 2029 | 14 | 1919 | 14 | 4 | 9 | 17 | 16 | 171 | 16 |
| Prazoey. | 1230 | | 1120 | | 18 | 6 | 13 | | 129 | 6 |
| Le Thoel et la Vala. | 3790 | | 3900 | | 1 | 7 | 14 | 6 | | |
| | 52759 | 14 | 51419 | 14 | 617 | 12 | 604 | 18 | 2086 | 6 |

## *SAINT-ETIENNE ET SES ENVIRONS.*

| NOMS DES COMMUNAUTÉS. | Principal de la taille de 1778. | Principal de la taille de 1788. | Rejets pris pendant les dix années de 1778 à 1788. | | | | Pertes réelles de 1778 à 1788. | |
|---|---|---|---|---|---|---|---|---|
| | | | En Gain. | | En Perte. | | | |
| | liv. | liv. | liv. | s. | liv. | s. | liv. | s. |
| SAINT-ÉTIENNE. | 30150 | 27860 | 154 | 15 | 371 | 15 | 3872 | 9 |
| MONTAUD. | 5200 | 5150 | 112 | 18 | 12 | 5 | 273 | 5 |
| OUTRE-FURENS. | 3260 | 3510 | 116 | 18 | 29 | 6 | 257 | 2 |
| VALBENOITE. | 1800 | 1830 | 30 | | 3 | | 54 | 10 |
| FURET LA VALETTE. | 1750 | 1750 | | | 23 | 14 | 17 | 12 |
| LA MÉTARE. | 870 | 760 | | | 20 | 13 | 109 | 13 |
| ROCHETAILLÉE. | 1290 | 1320 | 20 | 13 | 1 | 7 | | |
| CHAMBON. | 2100 | 1930 | 9 | | 270 | 14 | 67 | 15 |
| FEUGEROLLES. | 2820 | 2890 | 57 | 11 | 190 | 16 | | |
| FIRMINY. | 2790 | 2890 | 493 | 18 | 14 | 17 | | |
| CHAZAUX. | 960 | 940 | | | 30 | | 72 | |
| LES FRAISSES. | 750 | 650 | | | 138 | 2 | 80 | |
| UNIEU. | 1600 | 1510 | 30 | 12 | 108 | 13 | | |
| SAINT-FERRIOL. | 1900 | 1800 | | | | | | |
| ORIOL. | 570 | 450 | | | | | | |
| SAINT-GENEST LERPT. | 1180 | 1240 | 39 | 2 | | | | |
| ROCHE LA MOLIERE. | 2560 | 2660 | 66 | | 3 | 10 | 20 | |
| VILLARDS. | 1000 | 1020 | 25 | 15 | 8 | | | |
| LA TOUR EN JAREST. | 1300 | 1270 | 25 | | 50 | 8 | | |
| SAINT-PRIEST. | 1500 | 1460 | 11 | | | | 59 | |
| LE MARTOREY. | 1130 | 1130 | 42 | 8 | | | 89 | |
| SORBIER. | 2310 | 2380 | 104 | 10 | 23 | 14 | 55 | 8 |
| SAINT-JEAN DE BONNEFOND. | 1450 | 1560 | 106 | 16 | 6 | 10 | | |
| LE FAY. | 970 | 930 | | | 79 | 10 | 39 | 9 |
| LE PETIT QUARTIER SAINT-JEAN. | 810 | 830 | | | | | | |
| JANON. | 1610 | 1630 | 24 | 5 | | | 109 | 9 |
| | 73630 | 71350 | 1471 | 2 | 1386 | 12 | 5176 | 12 |

## *RÉCAPITULATION des quatre précédens Tableaux.*

| NOMS DES DIVISIONS DE L'ÉLECTION. | Principal de la taille de 1778. | Principal de la taille de 1788. | Rejets pris pendant les dix années de 1778 à 1788. | | Pertes réelles de 1778 à 1788. |
|---|---|---|---|---|---|
| | | | En Gain. | En Perte. | |
| | liv. s. | liv. s. | liv. s. | liv. s. | liv. s. |
| RIVAGE, | 79610 | 81190 | 1490 15 | 1544 18 | 542 12 |
| HAUT LYONNOIS, | 127550 | 129590 | 1256 7 | 1305 8 | 3455 14 |
| PAYS DE MONTAGNES. | 52759 14 | 51419 14 | 617 12 | 604 18 | 2086 6 |
| ENVIRONS DE SAINT-ÉTIENNE. | 73630 | 71350 | 1471 2 | 1386 12 | 5176 12 |
| | 333549 14 | 333549 14 | 4831 16 | 4831 16 | 11261 4 |

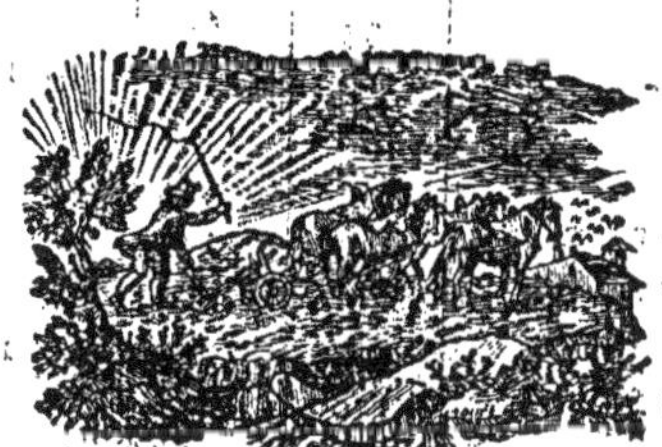

### *De la répartition de la taille par les Consuls sur les Contribuables.*

CETTE répartition a pour base ce qu'on appelle la Commission, qui est pour chaque Paroisse le résultat du département; elle est signée de M. l'Intendant, de M. l'Officier du Bureau des Finances et des Élus. Elle est fort étendue, parce qu'elle contient toutes les instructions nécessaires pour que les Consuls ne puissent pas faire une répartition vicieuse; au surplus il leur est enjoint d'y procéder en leur ame et conscience.

Les tableaux suivans présenteront l'état de cette répartition pour l'année 1787, infiniment mieux que je n'aurois su le faire par des raisonnemens, et les détails qu'on y verra, ne laisseront rien à desirer.

L'on conçoit que ces tableaux étant le dépouillement des rôles de chaque Communauté, si les Scribes ont mal énoncé les qualités des contribuables, il y aura nécessairement des erreurs; mais ce sera toujours un modele très-important à suivre pour acquerir la connoissance du nombre des propriétaires taillables, des fermiers, des cultivateurs, des locataires, des forains, des mineurs et des domestiques imposés à la Capitation, dont l'addition donnera le nombre des cotes, et d'autres résultats que je laisse à trouver au Lecteur.

*Rivage du Rhosne.*

| NOMS DES COMMUNAUTÉS. | Nombre des Cotes. | Nombre des Propriétaires. | Taille qu'ils paient. | Nombre des Fermiers. | Taille qu'ils paient. | Nombre des Cultivateurs. | Taille qu'ils paient. | Nombre des Locataires. | Taille qu'ils paient. | Nombre des Forains. | Taille qu'ils paient. | Nombre des Mineurs. | Capitation qu'ils paient. | Nombre des Domestiques. | Capitation qu'ils paient. |
|---|---|---|---|---|---|---|---|---|---|---|---|---|---|---|---|
| Givors. | 470 | 387 | 6117 | 19 | 285 | | | 61 | 98 | | | 3 | 38 | | |
| Loire. | 286 | 271 | 6457 | 12 | 298 | 2 | 15 | | | | | 1 | 3 | | |
| S. Romain en Galles. | 159 | 86 | 1965 | 54 | 747 | | | 19 | 126 | | | | | | |
| Sainte-Colombe. | 174 | 95 | 1587 | 19 | 247 | 18 | 61 | 41 | 61 | | | 1 | 13 | | |
| S. Cyr les Ste Colombe | 90 | 43 | 500 | 28 | 393 | 13 | 57 | | | 5 | 26 | 1 | 4 | | |
| Ampuis. | 380 | 278 | 7766 | 35 | 556 | 14 | 46 | 3 | 4 | 39 | 1034 | 11 | 72 | | |
| Tupins et Semons. | 75 | 49 | 873 | 20 | 232 | 5 | 75 | | | | | 1 | 1 | | |
| Condrieu. | 692 | 544 | 9268 | 35 | 867 | 3 | 10 | 87 | 163 | 15 | 344 | 8 | 47 | | |
| Saint-Michel. | 167 | 140 | 1068 | 11 | 71 | 9 | 21 | | | 6 | 11 | 1 | 7 | | |
| Chavanay. | 221 | 146 | 1621 | 35 | 1207 | 3 | 42 | | | 35 | 338 | 2 | 17 | | |
| Verlieu. | 106 | 89 | 2136 | 11 | 109 | 1 | 25 | | | 3 | 17 | 2 | 99 | | |
| S. Pierre de Bœuf. | 227 | 191 | 2431 | 30 | 894 | 4 | 45 | | | | | 2 | 11 | | |
| Limony. | 74 | 65 | 877 | 7 | 169 | 2 | 8 | | | | | | | | |
| S. Apolinard. | 190 | 134 | 2097 | 15 | 159 | 6 | 6 | | | 35 | 163 | | | | |
| Maclas. | 212 | 165 | 2445 | 39 | 424 | 1 | 2 | | | 5 | 8 | 2 | 4 | | |
| Véranne. | 174 | 137 | 1713 | 25 | 307 | 2 | 2 | 1 | | 9 | 22 | | | | |
| Besseys. | 108 | 103 | 1422 | 2 | 17 | 1 | 3 | | | 2 | 16 | | | | |
| Roisey. | 167 | 153 | 2804 | 12 | 114 | | | | | 1 | 2 | 1 | 12 | | |
| Malval. | 151 | 110 | 1274 | 18 | 218 | 9 | 135 | | | 5 | 13 | | | | |
| Lupé. | 81 | 71 | 638 | 6 | 25 | 2 | 2 | | | 2 | 4 | | | | |
| Ambuens en Pelussin. | 246 | 220 | 3360 | 19 | 213 | 3 | 15 | | | 2 | 4 | 2 | 10 | | |
| Pelussin en Lyonnois. | 59 | 45 | 1195 | 7 | 80 | 2 | 4 | | | 5 | 9 | | | | |
| Virieu. | 347 | 294 | 3424 | 46 | 629 | 4 | 52 | | | | | 3 | 37 | | |
| Chuyes. | 289 | 226 | 2787 | 39 | 607 | 15 | 103 | 3 | | 5 | 37 | 1 | 30 | | |
| La Chapelle. | 72 | 53 | 750 | 11 | 172 | | | | | 8 | 61 | | | | |
| Les Hayes. | 114 | 81 | 1219 | 14 | 213 | 8 | 39 | | | 11 | 86 | | | | |
| | 5331 | 4185 | 67794 | 569 | 9253 | 127 | 768 | 215 | 454 | 193 | 2197 | 42 | 405 | | |

| NOMS DES COMMUNAUTÉS. | Nombre des Cotes. | Nombre des Propriétaires. | Taille qu'ils paient. | Nombre des Fermiers. | Taille qu'ils paient. | Nombre des Cultivateurs. | Taille qu'ils paient. | Nombre des Locataires. | Taille qu'ils paient. | Nombre des Forains. | Taille qu'ils paient. | Nombre des Mineurs. | Capitation qu'ils paient. | Nombre des Domestiques. | Capitation qu'ils paient. |
|---|---|---|---|---|---|---|---|---|---|---|---|---|---|---|---|
| SAINT-CHAMONT. | 626 | 531 | 10627 | 93 | 461 | | | 2 | 16 | | | | | 61 | 108 |
| IZIEU. | 284 | 171 | 2355 | 92 | 1531 | 1 | 15 | 17 | 15 | 3 | 9 | | | | |
| S. MARTIN EN COALJEU. | 181 | 127 | 2523 | 39 | 681 | 7 | 40 | | | 8 | 123 | | | | |
| SAINT-JULIEN EN JARFST. | 390 | 272 | 4075 | 110 | 1545 | 1 | 3 | 5 | 9 | 1 | 38 | 1 | 45 | | |
| SAINT-PAUL EN JAREST. | 282 | 171 | 3377 | 42 | 1474 | 2 | 27 | 59 | 72 | 7 | 67 | 1 | 2 | | |
| LE RECLUS ET LA PERINERY. | 120 | 64 | 2032 | 37 | 719 | 1 | 3 | | | 15 | 84 | 3 | 45 | | |
| FARNAY. | 110 | 74 | 1641 | 19 | 346 | 1 | 2 | | | 13 | 171 | 3 | 13 | | |
| PAVESINS. | 239 | 211 | 3104 | 15 | 184 | | | | | 13 | 75 | | | | |
| DOISIEU ET LES FARNANCHES. | 306 | 273 | 3808 | 33 | 542 | | | | | | | | | | |
| LONGES ET TREVES. | 300 | 245 | 7363 | 25 | 755 | 5 | 27 | | | 25 | 243 | | | | |
| S. CHRISTO LACHAL, etc. | 144 | 113 | 1733 | 13 | 131 | 2 | 6 | | | 15 | 6 | 1 | 1 | | |
| S. ROMAIN EN JAREST. | 254 | 219 | 3683 | 22 | 549 | 1 | 24 | | | 7 | 107 | 5 | 47 | | |
| CHAIGNON. | 72 | 68 | 542 | 3 | 24 | | | | | | | 1 | 2 | | |
| CELLIEU. | 179 | 160 | 1834 | 14 | 190 | 2 | 7 | 1 | 1 | 1 | 7 | 1 | 1 | | |
| RIVE-DE-GIER. | 443 | 268 | 5127 | 33 | 621 | 1 | 19 | 131 | 373 | 5 | 91 | 1 | 2 | | |
| S. GENIS TERRE-NOIRE. | 266 | 227 | 4051 | 18 | 467 | | | | | 18 | 150 | 3 | 43 | | |
| LA CULA. | 141 | 91 | 2510 | 4 | 63 | 2 | 20 | | | 44 | 281 | | | | |
| CHATEAUNEUF. | 66 | 49 | 2027 | 9 | 280 | | | | | 8 | 35 | | | | |
| S MARTIN LA PLAINE. | 320 | 272 | 6117 | 23 | 239 | 2 | 15 | | | 20 | 327 | 3 | 9 | | |
| TARTARAS. | 88 | 69 | 1607 | 6 | 247 | | | | | 13 | 37 | | | | |
| ECHALAS. | 198 | 157 | 3066 | 18 | 258 | 2 | 12 | | | 21 | 165 | | | | |
| DARGOIRE. | 90 | 50 | 756 | 20 | 106 | | | | | 20 | 56 | | | | |
| S. MAURICE SUR DARGOIRE. | 201 | 150 | 6359 | 27 | 822 | 7 | 44 | | | 15 | 81 | 2 | 67 | | |
| S. ANDOEL LE CHATEL. | 168 | 121 | 2498 | 17 | 436 | | | | | 27 | 186 | 3 | 17 | | |
| SAINT-DIDIER. | 294 | 266 | 4948 | 24 | 294 | 2 | 18 | | | | | 2 | 38 | | |
| RIVIRIE. | 111 | 104 | 810 | 7 | 742 | | | | | | | | | | |
| SAINTE-CATHERINE. | 147 | 86 | 2498 | 20 | 426 | | | | | 40 | 162 | 1 | 9 | | |
| MORNANS. | 401 | 351 | 8101 | 27 | 346 | | | | | 22 | 76 | 1 | 44 | | |
| TALUYERS. | 131 | 80 | 1469 | 23 | 861 | 1 | 20 | | | 21 | 85 | 2 | 22 | | |
| S. MARTIN EN HAUT. | 275 | 190 | 4352 | 79 | 1374 | | | 2 | 1 | | | 4 | 91 | | |
| CHAVAGNIEU. | 49 | 40 | 345 | 9 | 179 | | | | | | | | | | |
| | 6876 | 5270 | 105341 | 921 | 16893 | 40 | 302 | 217 | 487 | 390 | 1717 | 38 | 498 | 61 | 108 |

## Pays de Montagnes.

| NOMS DES COMMUNAUTÉS. | Nombre des Cotes. | Nombre des Propriétaires. | Taille qu'ils paient. | Nombre des Fermiers. | Taille qu'ils paient. | Nombre des Cultivateurs. | Taille qu'ils paient. | Nombre des Locataires. | Taille qu'ils paient. | Nombre des Forains. | Taille qu'ils paient. | Nombre des Mineurs. | Capitation qu'ils paient. | Nombre des Domestiques. | Capitation qu'ils paient. |
|---|---|---|---|---|---|---|---|---|---|---|---|---|---|---|---|
| Saint-Julien Molin Molette. | 139 | 111 | 668 | 28 | 660 | | | | | | | | | | |
| Saint-Pierre en Colombaret. | 66 | 53 | 1072 | 10 | 57 | | | | | 1 | 4 | 2 | 21 | | |
| Grais. | 41 | 30 | 772 | 10 | 140 | | | | | | | 1 | 6 | | |
| Vilette en Colombaret. | 70 | 58 | 1276 | 10 | 135 | | | | | 1 | 2 | 1 | 1 | | |
| Bourg-Argental. | 199 | 124 | 1239 | 64 | 1388 | | | 11 | 19 | | | | | | |
| Thelis et la Combe. | 75 | 60 | 1391 | 15 | 135 | | | | | | | | | | |
| Argental. | 42 | 25 | 233 | 10 | 124 | | | | | | | | | | |
| Versanne. | 101 | 71 | 402 | 27 | 301 | | | 5 | 5 | | | 2 | 10 | | |
| Burdigue et Montchal. | 208 | 138 | 1577 | 42 | 504 | 2 | 3 | | | 3 | 45 | | | | |
| Rocheblaine et Paillaret. | 364 | 324 | 1825 | 40 | 512 | | | | | 26 | 196 | | | | |
| Saint-Sauveur et le Versain. | 198 | 124 | 896 | 53 | 692 | | | | | | | | | | |
| L'a-droit Saint-Sauveur. | 115 | 42 | 1720 | 35 | 342 | | | 12 | 9 | 8 | 118 | 1 | 2 | | |
| Le Montet de Montchal. | 32 | 29 | 517 | 3 | 12 | | | 30 | 35 | 8 | 56 | | | | |
| La Frachette. | 4 | 4 | 371 | | | | | | | | | | | | |
| La Rouchouse. | 24 | 17 | 380 | 3 | 9 | | | | | | | | | | |
| La Faye et Marthes. | 83 | 65 | 1383 | 16 | 304 | | | 4 | 3 | 1 | 5 | 1 | 60 | | |
| La Faye et la Forie. | 125 | 110 | 1867 | 15 | 153 | | | | | | | | | | |
| Pralagier et le Champ. | 82 | 70 | 460 | 11 | 67 | | | | | | | 1 | 10 | | |
| Pubert et la Frache. | 25 | 23 | 521 | 2 | 5 | | | | | | | | | | |
| L'Hopital du Temple. | 118 | 91 | 1384 | 26 | 396 | | | | | | | 1 | 31 | | |
| Clavas et Marthes. | 42 | 40 | 568 | 2 | 22 | | | | | | | | | | |
| Riotor en Joyeuse. | 60 | 21 | 130 | 12 | 60 | | | | | 25 | 244 | 2 | 10 | | |
| Riotor en la Faye. | 36 | 26 | 687 | 10 | 79 | | | | | | | | | | |
| Clavas en Riotor. | 91 | 69 | 1053 | 10 | 73 | 1 | 1 | | | 10 | 76 | 1 | 2 | | |
| Hauteville la Côte et Laborie. | 15 | 10 | 518 | 5 | 41 | | | | | | | | | | |
| Olagnier. | 33 | 19 | 589 | 14 | 126 | | | | | | | | | | |
| Saint-Méras. | 47 | 45 | 246 | 2 | 20 | | | | | | | | | | |
| Jouzieu. | 84 | 73 | 2077 | 8 | 91 | | | | | | | 3 | 77 | | |
| La Seauve bénite. | 83 | 54 | 862 | 18 | 178 | | | | | 11 | 61 | | | | |
| Saint-Just-lès-Velay. | 68 | 53 | 1059 | 13 | 214 | | | 2 | 2 | | | | | | |
| Saint-Just en Cornillon. | 48 | 34 | 596 | 13 | 117 | | | | | 1 | 27 | | | | |
| Saint-Just en Feugerolles. | 110 | 82 | 1496 | 24 | 376 | | | | | 1 | 10 | 3 | 42 | | |
| Saint-Romain-lès-Atteux. | 100 | 69 | 1350 | 29 | 588 | | | | | 2 | 45 | | | | |
| Saint-Genest-Malifaux. | 100 | 64 | 1132 | 34 | 395 | | | | | | | 2 | 12 | | |
| Saint-Genest en Feugerolles. | 122 | 96 | 1860 | 26 | 432 | | | | | | | | | | |
| La Montagne de Saint-Genest. | 44 | 20 | 701 | 24 | 441 | | | | | | | | | | |
| Pleney en Rochetaillée. | 100 | 55 | 1135 | 37 | 685 | | | 1 | 1 | 4 | 74 | 3 | 6 | | |
| Prazoey. | 59 | 33 | 1007 | 25 | 239 | | | | | | | 1 | 12 | | |
| Le Thoel et la Valla. | 388 | 329 | 3606 | 52 | 471 | | | | | 2 | 16 | 5 | 40 | | |
| | 3741 | 2761 | 40574 | 778 | 10326 | 3 | 4 | 65 | 74 | 104 | 979 | 30 | 142 | | |

SAINT-ÉTIENNE ET SES ENVIRONS.

| NOMS DES COMMUNAUTÉS. | Nombre des Cotes. | Nombre des Propriétaires. | Taille qu'ils paient. | Nombre des Fermiers. | Taille qu'ils paient. | Nombre des Cultivateurs. | Taille qu'ils paient. | Nombre des Locataires. | Taille qu'ils paient. | Nombre des Forains. | Taille qu'ils paient. | Nombre des Mineurs. | Capitation qu'ils paient. | Nombre des Domestiques. | Capitation qu'ils paient. |
|---|---|---|---|---|---|---|---|---|---|---|---|---|---|---|---|
| SAINT-ETIENNE. | 1388 | 1269 | 26230 | 26 | 933 | | | 33 | 131 | | | 3 | 31 | 57 | 68 |
| MONTAUD. | 415 | 139 | 1887 | 107 | 2384 | | | 149 | 492 | 11 | 144 | 8 | 128 | | |
| OUTRE-FURENS. | 259 | 94 | 1202 | 77 | 1857 | 1 | 11 | 72 | 214 | 11 | 177 | 4 | 23 | | |
| VALBENOITE. | 173 | 49 | 367 | 52 | 939 | 4 | 34 | 54 | 282 | 14 | 206 | | | | |
| FURET LA VALETTE. | 169 | 76 | 920 | 52 | 635 | | | 31 | 55 | 7 | 188 | 3 | 16 | | |
| LA MÉTARE. | 46 | 11 | 168 | 25 | 361 | | | 5 | 49 | 4 | 118 | 1 | 20 | | |
| ROCHETAILLÉE. | 152 | 113 | 914 | 27 | 233 | | | 11 | 20 | | | 1 | 13 | | |
| CHAMBON. | 238 | 188 | 1623 | 26 | 226 | 1 | 13 | 19 | 15 | 3 | 165 | 1 | 4 | | |
| FEUGEROLLES. | 218 | 104 | 1421 | 73 | 1263 | 4 | 10 | 29 | 36 | 5 | 50 | 3 | 28 | | |
| FIRMINY. | 288 | 160 | 1228 | 63 | 1813 | 4 | 5 | 57 | 76 | 2 | 43 | 2 | 48 | | |
| CHAZAUX. | 111 | 89 | 703 | 19 | 187 | | | 3 | 2 | | | | | | |
| FRAISSES. | 95 | 71 | 524 | 20 | 140 | 1 | | 2 | 2 | | | 1 | 11 | | |
| UNIEU. | 192 | 120 | 1152 | 33 | 256 | 1 | 10 | 32 | 31 | 6 | 82 | | | | |
| SAINT-FERRIOL. | 188 | 144 | 1510 | 20 | 204 | | | 20 | 15 | | | 4 | 74 | | |
| ORIOL. | 71 | 49 | 338 | 8 | 102 | 1 | | | | 13 | 30 | | | | |
| SAINT-GENEST LERPT. | 107 | 34 | 421 | 35 | 649 | 3 | 98 | 31 | 34 | 4 | 28 | | | | |
| ROCHE LA MOLIERE. | 231 | 71 | 1370 | 65 | 1144 | 1 | 5 | 77 | 138 | 13 | 222 | 4 | 42 | | |
| VILLARDS. | 89 | 28 | 414 | 33 | 546 | 1 | 1 | 25 | 29 | 2 | 22 | | | | |
| LA TOUR EN JAREST. | 133 | 76 | 846 | 14 | 229 | | | 42 | 43 | 1 | 47 | | | | |
| SAINT-PRIEST. | 115 | 52 | 387 | 31 | 991 | 1 | 3 | 31 | 17 | | | | | | |
| LE MARTOREY. | 65 | 28 | 758 | 29 | 366 | | | 8 | 4 | | | | | | |
| SORBIERS. | 176 | 118 | 1486 | 48 | 543 | | | | | 10 | 107 | | | | |
| S. JEAN DE BONNEFOND. | 131 | 77 | 610 | 31 | 588 | 1 | 4 | 7 | 7 | 15 | 348 | | | | |
| LE FAY. | 70 | 29 | 191 | 37 | 637 | | | 1 | | 3 | 69 | | | | |
| LE PETIT QUARTIER SAINT-JEAN. | 20 | 10 | 552 | 10 | 261 | | | | | | | | | | |
| JANON. | 84 | 48 | 940 | 29 | 667 | | | 2 | 1 | 2 | 32 | 3 | 10 | | |
| | 5167 | 3247 | 48162 | 990 | 18154 | 24 | 194 | 741 | 1706 | 127 | 2065 | 38 | 451 | 57 | 68 |

## *RÉCAPITULATION des quatre précédens Tableaux.*

| NOMBRE DES COMMUNAUTÉS. | Nombre des Cotes. | Nombre des Propriétaires. | Taille qu'ils paient. | Nombre des Fermiers. | Taille qu'ils paient. | Nombre des Cultivateurs. | Taille qu'ils paient. | Nombre des Locataires. | Taille qu'ils paient. | Nombre des Forains. | Taille qu'ils paient | Nombre des Mineurs. | Capitation qu'ils paient. | Nombre des Domestiques. | Capitation qu'ils paient. |
|---|---|---|---|---|---|---|---|---|---|---|---|---|---|---|---|
| 26 | 5331 | 4185 | 67794 | 569 | 9253 | 127 | 768 | 215 | 454 | 193 | 2197 | 42 | 405 | | |
| 31 | 6876 | 5270 | 105341 | 92 | 16893 | 40 | 302 | 217 | 487 | 390 | 2717 | 38 | 498 | 61 | 108 |
| 39 | 3741 | 2761 | 40574 | 778 | 10326 | 3 | 4 | 65 | 74 | 104 | 979 | 30 | 342 | | |
| 26 | 5167 | 3247 | 48162 | 990 | 18154 | 24 | 194 | 741 | 1705 | 127 | 2065 | 38 | 451 | 57 | 68 |
| 122 | 21125 | 15463 | 261871 | 3258 | 54626 | 194 | 1268 | 1248 | 2721 | 814 | 7958 | 148 | 1696 | 118 | 176 |

POUR rendre ces tableaux moins confus, on n'y a pas porté les sous,

*Des Accessoires et de la Capitation des Taillables.*

Je n'ai point parlé des Accessoires, ni de la Capitation des taillables, parce que ces impositions suivent la loi de la Taille, puisqu'elles se répartissent au marc la livre de ce dernier impôt; mais comme elles sont plus fortes que la taille, cette considération exige la plus grande réserve dans les augmentations, comme dans les diminutions du principal de la taille.

La Capitation des Nobles et les Vingtiemes ayant toujours été dans les mains du Gouvernement, je m'abstiendrai d'en parler.

## *Tableau de l'Election de Saint-Etienne.*

Je terminerai cet Ouvrage par un Tableau, aussi exact qu'il peut l'être, de l'Election de S. Etienne, que j'ai bien étudiée pendant 22 ans ; on y verra ses productions, son industrie, ses manufactures, son commerce, sa population, le génie de ses habitans, ses impositions en 1786, et quelques réflexions sur les mines de charbon de terre.

L'Election de S. Etienne est bornée au levant par le Rhône, au couchant par la Loire, ce qui rend sa position des plus heureuses ; au nord par les Elections de Montbrison et de Lyon, et au midi par le Vivarais et le Velay.

Elle se divise naturellement en rivage du Rhône ; haut Lyonnois ; pays de montagnes ; S. Etienne et ses environs.

## RIVAGE DU RHOSNE.

CE canton commence à Givois et finit à Limony où commence le Vivarais. Dans cette espace qui a environ sept lieues, on trouve Givors, Condrieu et Bœuf, dont les habitans participent au commerce du Rhône, soit comme Mariniers, soit comme Marchands. Presque tout le terrein est en vignobles. C'est sur ce rivage que se trouvent les excellens vins d'Ampuis et de Semons, connus sous le nom de Côte-rotie; les vins blancs de Condrieu et de Saint-Michel, et les vins de Bœuf et de Limony.

Il n'y a presque point de prairies; les plus considérables sont celles d'Ampuis, de Condrieu, et de Chavanay.

Les terres où l'on cultive le grain sont excellentes, mais en trop petite quantité pour fournir à la subsistance des habitans; on croit en général qu'ils ne récoltent de grains que pour la moitié de leur consommation.

Les fruits à noyaux y sont excellens. On cultive des melons à Ampuis dont la vente, ainsi que celle de ses fruits se font à Lyon et à S. Etienne.

Le génie des habitans du rivage les porte à bien cultiver leurs propriétés; c'est une sorte de point d'honneur parmi eux qui a rendu ce pays un des mieux cultivés du Royaume. Ils ont des mœurs, de l'économie et de la bonne conduite; excepté ceux qui s'emploient à la navigation sur le Rhône.

Il y a une Verrerie considérable à Givors; des fours à chaux et à poterie à Loire et à Chavanay.

A Virieu, dans la Paroisse de Pelussin, il y a une grande fabrique de moulins à soie pour ouvrer les organcins.

*ETAT des Paroisses qui composent le rivage du Rhône.*

| Nombre des Communautés. | NOMS DES PAROISSES. | Nombre des Habitans. | Taille, Accessoires et Capitation. | | Troisieme Vingtieme et deux sous pour livres. Des Taillables. | | Des Nobles. | | Total de l'Impôt en 1786. | |
|---|---|---|---|---|---|---|---|---|---|---|
| | | | liv. | s. | liv. | s. | liv. | s. | liv. | s. |
| 1 | GIVORS. | 2825 | 15131 | 10 | 3376 | 16 | 1023 | 4 | 19531 | 10 |
| 1 | LOIRE. | 1175 | 16501 | 10 | 3324 | 16 | | | 19826 | 6 |
| 1 | S. ROMAIN EN GALLES. | 375 | 6765 | 10 | 1335 | 4 | 261 | 12 | 8362 | 6 |
| 1 | SAINTE-COLOMBE. | 675 | 4557 | 10 | 1168 | 16 | 523 | 4 | 6249 | 10 |
| 1 | S.CYR LES STE COLOMBE. | 150 | 2396 | 10 | 305 | 12 | 434 | 8 | 3136 | 10 |
| 1 | AMPUIS. | 1450 | 20847 | 10 | 6324 | | 2583 | 4 | 29754 | 14 |
| 1 | TUPINS ET SEMONS. | 325 | 2860 | 10 | 941 | 12 | 684 | | 4486 | 2 |
| 1 | CONDRIEU. | 5075 | 26030 | 10 | 5701 | 12 | 3260 | | 34992 | 2 |
| 1 | SAINT-MICHEL SOUS CONDRIEU. | 425 | 2744 | 10 | 2073 | 12 | 168 | | 4986 | 2 |
| 2 | CHAVANAY. | 1600 | 12485 | | 4307 | 4 | 2127 | 4 | 18919 | 8 |
| 1 | BŒUF. | 1000 | 7857 | 10 | 1812 | 16 | 1957 | 12 | 11627 | 18 |
| 1 | LIMONY. | 324 | 2396 | 10 | 964 | 16 | 372 | 16 | 3734 | 2 |
| 1 | S. APOLINARD. | 675 | 5742 | 10 | 1804 | 16 | [illegible] | 4 | 7678 | 10 |
| 1 | MACLAS. | 700 | 6718 | 10 | 1960 | | 1052 | | 9730 | 10 |
| 1 | VÉRANNE. | 700 | 4859 | 10 | 1145 | 12 | 528 | 16 | 6533 | 18 |
| 1 | LUPÉ. | 300 | 1559 | 10 | 353 | 12 | 48 | | 1961 | 2 |
| 1 | BESSEYS. | 425 | 3395 | 10 | 868 | | 871 | 4 | 5134 | 14 |
| 1 | ROISEY. | 650 | 7113 | 10 | 1815 | 4 | 244 | 16 | 9173 | 10 |
| 1 | MALVAL. | 500 | 3906 | 10 | 1088 | | 482 | 8 | 5476 | 18 |
| 3 | AMBUENS. | 2775 | 21038 | 10 | 4853 | 12 | 1832 | | 27724 | 2 |
| 1 | CHUYES. | 925 | 8461 | 10 | 2672 | | 144 | | 11277 | 10 |
| 1 | LA CHAPELLE. | 225 | 1722 | 10 | 291 | 4 | 203 | 4 | 2216 | 18 |
| 1 | LES HAYES. | 275 | 3627 | 10 | 971 | 4 | 355 | 4 | 4953 | 18 |
| 26 | 23 | 23549 | 188720 | | 49460 | | 19288 | | 257468 | |

*HAUT*

## Haut Lyonnois.

ON trouve dans ce canton de l'Election de S. Etienne, la ville de S. Chamont, les mines de charbon de terre de Rive-de-Gier, et le canal de Givors.

Saint-Chamont et connu par ses fenderies et son commerce de cloux, ses moulins à soie et sa fabrique de rubans.

Dans la Paroisse de S. Paul, et dans celle de Boizieu, il y a des moulins à soie.

Avant que le canal fût en navigation, 1500 mulets étoient tous les jours chargés à la mine, et portoient ce charbon à Givors; depuis on a fait un chemin au moyen duquel on descend ce charbon de la mine à Rive-de-Gier dans des grands tomberaux; ce qui a fort augmenté la quantité extraite de charbon, et doit nécessairement avancer l'époque de l'épuisement de ces mines, au grand dommage des atteliers de teinture et de chapellerie de Lyon, dont ce charbon est l'aliment.

On recueille dans le haut Lyonnois du bled et du vin. On n'est pas d'accord s'il y a assez de grains pour la nourriture des habitans; quant au vin, il y en a une grande quantité; mais la qualité en est médiocre.

Sur Janon, sur le Gier, et sur la riviere de S. Paul, il y a beaucoup de prairies, ce qui rend le fourage abondant dans le Lyonnois.

Les habitans ne s'occupent pas seulement de la culture de leurs terres, ils commercent sur les denrées, sur les bestiaux et prennent intérêt aux fermes des dixmes, ce qui suppose de l'intelligence et de l'activité.

Il y a des Serruriers et autres Ouvriers en fer dans plusieurs Paroisses ; et une Chapellerie à Mornand, deux Verreries et un four à chaux à Rive-de-Gier.

*ETAT des Paroisses qui composent le Haut Lyonnois.*

| Nombre des Communautés. | NOMS DES PAROISSES. | Nombre des Habitans. | Taille, Accessoires et Capitation. | | Troisieme Vingtieme et deux sous pour livres. Des Taillables. | | Des Nobles. | | Total de l'Impôt de 1786. | |
|---|---|---|---|---|---|---|---|---|---|---|
| | | | liv. | s. | liv. | s. | l.v. | s. | liv. | s. |
| 1 | SAINT-CHAMONT. | 4147 | 26890 | 10 | 8292 | 16 | 1235 | 17 | 36419 | 3 |
| 1 | IZIEU. | 1450 | 9599 | 10 | 1922 | 8 | 1958 | 8 | 13480 | 6 |
| 1 | S. MARTIN EN COALIEU. | 675 | 6741 | 10 | 1828 | 16 | 533 | 12 | 9103 | 18 |
| 1 | S. JULIEN EN JAREST. | 2175 | 15223 | 10 | 4472 | | 2542 | 8 | 22237 | 18 |
| 3 | S. PAUL EN JAREST. | 1900 | 23710 | 10 | 5508 | 16 | 2861 | 12 | 32080 | 18 |
| 1 | PAVESINS ET JURIEU. | 925 | 7764 | | 1718 | 8 | | | 9482 | 18 |
| 1 | DOIZIEU. | 1600 | 10297 | 10 | 1855 | 4 | 515 | 4 | 12667 | 18 |
| 1 | LONGES ET TREVES. | 1275 | 19499 | 10 | 3328 | | 373 | 12 | 23201 | 2 |
| 1 | S. CHRISTO LACHAL, etc. | 625 | 4534 | 10 | 1245 | 12 | | | 5780 | 2 |
| 1 | CHAIGNON. | 300 | 1326 | 10 | 288 | 16 | | | 1615 | 6 |
| 1 | CELLIEU. | 600 | 4743 | 10 | 1504 | 16 | 140 | | 6388 | 6 |
| 1 | RIVE-DE-GIER. | 3000 | 14177 | 10 | 3225 | 12 | 2196 | | 19599 | 2 |
| 2 | S. GENIS TERRE-NOIRE. | 1675 | 17898 | | 3272 | | 693 | 12 | 21863 | 12 |
| 1 | CHATEAUNEUF. | 75 | 5463 | 10 | 1226 | 8 | 2 | 8 | 6692 | 6 |
| 1 | S. MARTIN LA PLAINE. | 1375 | 17663 | 10 | 3080 | 16 | 280 | 16 | 21025 | 2 |
| 1 | S. ROMAIN EN JAREST. | 1125 | 10553 | 10 | 2392 | 16 | 866 | 8 | 13812 | 14 |
| 1 | TARTARAS. | 250 | 4789 | 10 | 1249 | 12 | 224 | 16 | 6263 | 18 |
| 1 | ECHALAS. | 775 | 8229 | 10 | 1970 | 8 | 113 | 12 | 10313 | 10 |
| 1 | DARGOIRE. | 200 | 2140 | 10 | 536 | | 320 | | 2996 | 10 |
| 1 | SAINT-MAURICE SUR DARGOIRE. | 750 | 17710 | 10 | 3048 | | 885 | 12 | 21644 | 2 |
| 1 | S. ANDOEL LE CHATEL. | 500 | 7415 | 10 | 1555 | 4 | 616 | | 9586 | 14 |
| 1 | S. DIDIER SOUS RIVERIE. | 1100 | 12899 | 10 | 2796 | | 865 | 12 | 16561 | 2 |
| 1 | RIVERIE. | 450 | 3720 | 10 | 509 | 12 | 288 | | 4518 | 2 |
| 1 | SAINTE-CATHERINE SUR RIVERIE. | 450 | 7183 | 10 | 1677 | 12 | 424 | | 9285 | 2 |
| 1 | MORNANS. | 1550 | 20986 | 10 | 5142 | 8 | 921 | 12 | 27050 | 10 |
| 1 | TALUYERS. | 525 | 5788 | 10 | 1528 | | 956 | | 8272 | 10 |
| 2 | S. MARTIN EN HAUT. | 1925 | 14414 | | 3642 | 8 | 1243 | 4 | 19299 | 12 |
| 31 | 27 | 31397 | 301365 | 10 | 68818 | 8 | 21058 | 5 | 391242 | 3 |

## *Pays des Montagnes.*

Il y a beaucoup de pâturages et beaucoup de prairies ; on y recueille du seigle, de l'avoine et des pommes de terre. Il y a des bois de sapin et des atteliers pour les exploiter en planches, en soliveaux et en poutres : ces bois sont voiturés à S. Etienne par les Montagnards, et de là conduits à Lyon et au Rhône, par les voituriers de S. Etienne. Il n'y a point de maisons où il n'y ait un ou plusieurs métiers à fabriquer des rubans.

Les habitans de ces montagnes n'ont de grossier que la robe. Ils ont de l'intelligence ; et en général, ils sont économes et très-attentifs à leurs intérêts.

Au Bourg-Argental, il y a une manufacture de Blondes établie par M. l'Abbé Pupil ; cette fabrique s'est étendue dans les campagnes.

*ETAT des Paroisses qui composent le Pays des Montagnes.*

| Nombre des Communautés. | NOMS DES PAROISSES. | Nombre des Habitans. | Taille, Accessoires et Capitation. | | Troisieme Vingtieme et deux sous pour livres. Des Taillables. | | Des Nobles. | | Total de l'Impôt en 1786. | |
|---|---|---|---|---|---|---|---|---|---|---|
| | | | liv. | s. | liv. | s. | liv. | s. | liv. | s. |
| 4 | SAINT-JULIEN MOLIN MOLETTE. | 2575 | 10305 | | 2564 | | 1024 | 16 | 13893 | 16 |
| 4 | BOURG-ARGENTAL. | 1850 | 13766 | | 2434 | 8 | 3396 | | 19596 | 8 |
| 1 | BURDIGUES ET MONTCHAL. | 550 | 5091 | 10 | 929 | 12 | 847 | 4 | 6868 | 6 |
| 1 | ROCHEBLAINE ET PAILLARET. | 900 | 5417 | 10 | 908 | | | | 6325 | 10 |
| 5 | S. SAUVEUR ET LE VERSAIN. | 1900 | 10934 | 10 | 1580 | 16 | 943 | 4 | 13458 | 10 |
| 6 | LA FAYE ET MARTHES. | 2575 | 16375 | 17 | 3121 | 12 | 916 | | 20413 | 6 |
| 6 | RIOTOR EN JOYEUSE | 1850 | 8730 | | 1676 | | 309 | 12 | 10715 | 12 |
| 1 | JONZIEU. | 775 | 5022 | 10 | 758 | 8 | 144 | | 5924 | 18 |
| 1 | LA SEAUVE BÉNITE. | 150 | 2210 | 10 | 565 | 12 | 80 | | 2856 | 2 |
| 3 | S. JUST-LÈS VELAY. | 1075 | 9093 | 10 | 1617 | 12 | 905 | 12 | 11616 | 14 |
| 1 | SAINT-ROMAIN-LES ATTEUX. | 725 | 5045 | 10 | 1219 | 4 | 571 | 4 | 6835 | 18 |
| 4 | SAINT-GENEST DE MALIFAUX. | 2100 | 15973 | 14 | 2566 | 8 | 3768 | | 22308 | 2 |
| 1 | LE THOEL S. ANDEOL ET LA VALA. | 1675 | 8995 | 10 | 1672 | 16 | 188 | | 10856 | 6 |
| 1 | PRAROEY EN TARENTAISE. | 650 | 2604 | 10 | 473 | 12 | 496 | | 3574 | 2 |
| 39 | 14 | 19350 | 119566 | 1 | 22088 | 11 | 13589 | 12 | 155243 | 13 |

*VILLE de Saint-Etienne et ses Environs.*

CE Canton de l'Élection de S. Etienne est très-abondant en fourage dont la consommation se fait par le grand nombre de bétail et de chevaux employés à voiturer pour le commerce.

On y cueille du seigle, un peu de froment, de l'avoine et des pommes de terre; mais la population est si considérable, que les récoltes du Canton ne fournissent qu'à la plus petite partie de sa consommation.

*ETAT des Paroisses qui composent les Environs de S. Etienne.*

| Nombre des Communautés. | NOMS DES PAROISSES. | Nombre des Habitans. | Taille, Accessoires et Capitation. | Troisieme Vingtieme et deux sous pour livres. Des Taillables. | Troisieme Vingtieme et deux sous pour livres. Des Nobles. | Total de l'Impôt en 1786. |
|---|---|---|---|---|---|---|
| | | | liv. s. | liv. s. | liv. s. | liv. s. |
| 6 | SAINT-ÉTIENNE. | 28140 | 95132 | 16856 16 | 17111 4 | 129100 |
| 1 | ROCHETAILLÉE. | 1075 | 3046 10 | 678 8 | 220 16 | 3945 14 |
| 2 | CHAMBON. | 2200 | 11113 | 3108 8 | 2079 12 | 16301 |
| 4 | FIRMINY. | 3800 | 13906 | 2930 8 | 1924 16 | 18761 4 |
| 2 | SAINT-FERRIOL. | 775 | 5280 | 1208 | 379 4 | 6867 4 |
| 2 | SAINT-GENEST LERPT. | 1600 | 9021 | 1825 12 | 1710 8 | 12557 |
| 1 | VILLARDS. | 400 | 2350 7 | 387 4 | 376 | 3113 11 |
| 1 | SAINT-PRIEST. | 500 | 3372 10 | 292 | 521 12 | 4186 2 |
| 1 | LA TOUR EN JAREST. | 600 | 2930 10 | 729 12 | 192 | 3852 2 |
| 1 | LE MARTOREY, parcelle de S. Hean, Election de Montbrison. | 180 | 2582 10 | 596 | 128 | 3306 10 |
| 1 | SORBIERS. | 825 | 5603 10 | 1189 12 | 350 8 | 7143 10 |
| 4 | S. JEAN DE BONNEFOND. | 1575 | 11444 | 2880 16 | 2232 | 16556 16 |
| 26 | 11 | 41670 | 165781 17 | 32682 16 | 27226 | 225690 13 |

Toutes ces Paroisses participent aux manufactures d'armes, de clincaillerie et de rubans dont le commerce et la principale manutention est à S. Etienne.

*Réunion des quatre précédens Tableaux.*

| Nombre des Communautés. | NOMBRE DES PAROISSES. | Nombre des Habitans. | Taille, Accessoires et Capitation. | Troisieme Vingtieme et deux sous pour livres. Des Taillables. | Des Nobles. | Total de l'Impôt en 1786. |
|---|---|---|---|---|---|---|
| | | | liv. s. | liv. s. | liv. s. | liv. s. |
| 26 | Rivage du Rhône, 23. | 23549 | 188720 | 49460 | 19288 | 257468 |
| 31 | Haut Lyonnois, 27. | 31397 | 301365 10 | 65256 16 | 23384 | 390006 6 |
| 39 | Pays des Montagnes, 14. | 19350 | 119566 1 | 22088 | 13589 12 | 155243 13 |
| 26 | Environs de S.Etienne, 11. | 41670 | 165781 17 | 32582 16 | 27226 | 225690 13 |
| 122 | 75 | 115966 | 775433 8 | 169487 12 | 83487 12 | 1028408 12 |

En rapprochant ainsi les objets, on met sous les yeux du Lecteur les rapports qui existent entre le nombre des habitans et l'impôt, les propriétés des taillables et celles des Nobles représentées par les vingtiemes qu'ils payent. Les différences qu'on apperçoit, en comparant les cantons les uns avec les autres conduisent à en chercher les causes, et lorsqu'on les a trouvées, on est en état de juger si l'impôt est bien où mal réparti. Mais j'ose dire, après 30 années de réflexions, que c'est la matiere qui exige le plus de réserve et de prudence; car la précipitation causeroit des maux bien difficiles à réparer.

DES

*Des Fabriques et du Commerce de la ville de Saint-Etienne.*

LE fer, l'acier et le cuivre arrivent bruts à S. Etienne, et ils y sont transformés en armes à feu, en armes blanches, et en toutes sortes d'ouvrages communs que l'on désigne génériquement par le mot *Clincailleries*; en sorte qu'il seroit difficile de demander quelque chose en ce genre que S. Etienne ne pût fournir.

Cette Fabrique doit être considérée comme unique dans le Royaume; elle forme donc seule cette branche du commerce national.

En France, elle fait seule la vente dans les Provinces du midi, à cause de la proximité; dans celles du nord, du couchant et du levant, elle est en concurrence avec les Fabriques d'Allemagne; elle ne vend rien dans les Etats du nord, ni en Angleterre; et les Fabriques de ces pays-là, se trouvent en concurrence avec celle de S. Etienne dans tous les lieux de la terre où le commerce des Européens a pénétré.

4000 forges travaillent pour les armes et la clincaillerie de S. Etienne.

11 fenderies mettent le fer en verges.

26 martinets étendent le fer et l'acier, et le préparent pour divers ouvrages.

47 meules tournent pour dégrossir et forer les canons de fusils et de pistolets.

287 meules pour aiguiser les armes blanches, et pour dégrossir les ouvrages de clincaillerie qu'il seroit trop long et trop coûteux de finir à la lime.

104 meules de bois pour polir lesdits ouvrages.

Q

Ces divers édifices sont construits sur le Gier, sur le Furens, sur Colalay et sur Vachere, rivieres qui malheureusement manquent d'eau la plus grande partie de l'année. Pour alimenter ces fenderies, ces martinets, ces forges, et fournir au chauffage du pays, il ne faut pas moins de cent mille chars de charbon du poids de 1200 pesant, formant 500000 voies de Paris, et du poids au total de 120 millions de livres.

Quelque soit l'abondance des mines du Forez, qu'on juge de la rapidité avec laquelle elles s'épuiseroient, si l'on n'en bornoit pas l'exportation.

Dans la seule Subdélégation de S. Etienne, 40000 personnes travaillent pour les fabriques de cette Ville; les hommes s'occupent à ouvrer le fer, et les femmes dévident la soie et font les rubans: 30000 autres personnes, jusqu'à la distance de sept lieues, travaillent également pour les mêmes Fabriques de clincaillerie et de rubans.

Il faut terminer ce tableau par dire que la fabrication des armes pour le compte du Roi, a été en 1786, de 13000 armes.

| | |
|---|---|
| Et le nombre des armes pour le commerce s'est élevé à . . . . . . | 42000 |
| TOTAL . . | 55000 |

Telle est cependant l'importance de ces Fabriques si peu connues jusqu'à présent.

J'ai tremblé quelquefois qu'on nous enlevât ce précieux trésor; mais je n'ai plus appréhendé, lorsque j'ai songé que pour former un semblable établissement, il falloit une nombreuse population dont le génie se portât uniquement à ces divers travaux; des rivieres dont la pente fût telle, que dans le plus petit espace possible, il pût y avoir un grand nombre d'artifices; des carrieres de pierres propres à fournir toutes les meules; des mines de charbon de terre abondantes et de bonne qualité ; n'être pas éloigné des grandes rivieres navigables, pour recevoir les matieres premieres, et envoyer les marchandises fabriquées ; enfin, être à portée d'une Ville telle que Lyon, pour se procurer tout ce dont on peut avoir besoin, et sur-tout les belles teintures.

Cette réflexion m'a conduit à penser que toutes tentatives dénuées de semblables ressources, pourront d'abord avoir l'air du succès, mais jamais les produits ne répondront aux dépenses.

*Le bas prix du Charbon, cause principale de l'établissement des Manufactures de Saint-Etienne.*

TOUTES les Puissances considerent maintenant le commerce comme la base et le véhicule des richesses ; les efforts que font tous les Potentats pour établir dans leurs Etats, des Fabriques semblables aux nôtres, rendent tous les jours la concurrence plus difficile à soutenir.

Ce ne sera donc qu'en procurant aux Fabriques nationales tout ce qui leur est avantageux, et en écartant d'elles tout ce qui pourroit leur nuire, qu'elles soutiendront cette concurrence.

Ces vérités et ces principes étant posés, jetons les yeux sur les Manufactures de S. Etienne.

Ses Manufactures d'armes et de clincaillerie, mettent en œuvre les fers de Bourgogne, de Franche-Comté, de Champagne, du Berry, et les aciers de Rive en Dauphiné.

Sa Fabrique de rubans met en œuvre les soies nationales.

Ces Manufactures vivifient donc toutes les parties du Royaume qui produisent ces matieres premieres.

Leur manutention, en donnant du travail à un peuple d'ouvriers non propriétaires, leur fournit les moyens de se nourrir et de se vêtir, d'où résulte une grande consommation de vêtemens et de denrées. Or, la consommation assure les ventes, donne aux propriétaires, aux fermiers, aux cultivateurs et aux fabriquans, les moyens de payer les impôts, et de faire les frais d'une nouvelle reproduction.

Ces Manufactures vivifient donc aussi la culture de toutes les denrées, les manufactures qui travaillent pour habiller les hommes, et la source des impôts.

Lorsqu'elles ont transformé l'acier, les fers, en toutes sortes d'ouvrages, et les soies en rubans, elles portent ce contingent dans le commerce général, et l'augmentent à proportion.

Les Manufactures de S. Etienne vivifient donc encore les villes d'entrepôts, les villes de consommation, les ports de mer, et tous les lieux où ces marchandises passent, se vendent, s'achetent ou se consomment.

Mais par quelles causes ces Manufactures ont-elles prévalu, quoique placées loin des matieres premieres? car il est bien évident que cet éloignement les renchérit. Ce ne peut donc pas être par la moindre valeur de ces matieres premieres, puisqu'elle seroit commune à tous les acheteurs, et qu'elle est augmentée pour S. Etienne par les frais de transport.

Ce n'est donc que dans la main d'œuvre et dans l'économie des Fabriquans qu'on pourroit trouver cette cause : mais le bas prix de la main d'œuvre ne peut pas être occasionné par le bas prix des denrées ; car dans un pays de grande consommation, elles sont toujours assez cheres ; et c'est ce qui arrive dans ce Canton. Il faut donc que les Fabriquans y vivent avec la plus grande économie, et que les ouvriers y soient réduits au nécessaire absolu. Mais quelles que soient cette économie et les bornes de ce nécessaire absolu, jamais les Fabriques de S. Etienne n'auroient pu s'établir dans ce local, ni soutenir la concurrence des Suisses, des Anglois, des Allemands, des Prussiens et des Liégeois, si le charbon qui alimente les forges, qui prépare la nourriture des ouvriers, et qui les chauffe, n'étoit pas au plus bas prix possible. Mais ce bas prix a lui-même une cause ; la voici : l'extraction de ces mines a toujours été dans les mains d'une classe d'hommes qui ne connoît pas l'ambition, et qui se borne à trouver dans ce travail, du pain, et les vêtemens les plus grossiers.

Les propriétaires n'ignorent pas qu'ils pourroient vendre plus cher leur charbon ; mais leur intérêt bien entendu les éloignera toujours de cette fausse spéculation, parce qu'ils savent bien qu'en sacrifiant aux Fabriques cette portion de leurs biens, ils en sont dédommagés libéralement par le commerce qui donne à la superficie de leurs fonds une valeur triple de ce qu'elle seroit sans ce commerce,

Et si cette maxime ; *que l'intérêt général de l'Etat ne peut être que l'addition de tous les intérêts particuliers*, est vraie, c'est bien dans l'hypothese présente ; car, si ces Manufactures ont donné à la superficie de l'Election de S. Etienne, de l'Election de Montbrison, des parties du Velay et du Vivarais qui fournissent les denrées que les ouvriers consomment, une valeur triple, elles sont bien la cause, ces Manufactures, que la population y est triple, que la vente du sel, du tabac, les droits d'Aides, les Douanes, la Taille, les Subsidiaires, la Capitation, les Vingtiemes, et généralement tous les revenus de l'Etat y sont aussi triples : donc, si ces Fabriques venoient à se détruire, les fortunes du pays seroient réduites de 3 à 1, et leur contingent dans les impôts suivroit nécessairement la même proportion.

L'utilité générale de ces Manufactures étant démontrée, et leur conservation dépendant absolument du bas prix des charbons, tout ce qui pourroit en augmenter la valeur seroit donc nuisible à l'état, et doit être par conséquent proscrit par le Gouvernement.

*Si l'on doit étendre l'usage du Charbon de terre au chauffage des Villes.*

L'usage du charbon de terre est si économique à la forge, aux grands et aux petits fourneaux, aux verreries, aux fours à chaux, aux poteries, que tous ces établissemens ont une préférence décidée sur ceux du même genre qui usent de bois et de charbon de bois.

Comme on aura toujours besoin de ces établissemens, il seroit bien de leur réserver exclusivement leur aliment.

Mais, dit-on, les forêts sont épuisées, et pour leur donner le temps de reproduire, il faut étendre la communication du charbon de terre au chauffage et à la cuisine.

Je ne dirai point les dangers qu'il y auroit à accoutumer le peuple à un chauffage qu'on ne peut pas raisonnablement se flatter de lui fournir toujours, parce que ces dangers sont trop éloignés de nous pour être bien sentis.

Mais n'est-il pas évident que cela auroit l'effet opposé; car en faisant tomber le prix du bois, les propriétaires ne planteroient plus, et défricheroient leurs forêts.

N'est-il pas de la même évidence que le contraire arrivera en maintenant le bois toujours à une certaine valeur?

D'ailleurs, n'est-ce pas une vérité incontestable, que le Gouvernement peut, s'il le veut, proportionner la consommation du bois à sa reproduction, et augmenter les forêts autant qu'il le voudra, en encourageant les propriétaires à faire de nouvelles plantations?

Et n'est-ce pas une autre vérité, qu'il ne peut augmenter

les masses de charbon existantes, et que tout son pouvoir à cet égard se borne à retarder ou à accélérer leur épuisement ?

Et n'est-ce pas une troisieme vérité, qu'en accélérant cet épuisement, le Gouvernement travailleroit contre lui, puisqu'il s'exposeroit à manquer à la fois de bois et de charbon.

Le Gouvernement ne doit pas calculer comme un individu ; il ne doit point voir de terme à sa durée ; il doit agir comme s'il devoit exister autant que la nature.

Que les Anglois avides portent à toutes les nations le charbon de terre qui leur a été prodigué, laissons-les faire ; dans quelques siecles, ils ne seront plus nos rivaux en ouvrages de fer et d'acier.

Soyons économes d'un trésor, qui, une fois dissipé, ne peut plus se remplacer.

Le Peuple qui pourra le dernier alimenter ses forges, sera nécessairement le maître ; car lui seul aura des armes.

*COMBIEN le prix du Charbon augmente à mesure qu'on l'éloigne de la Mine.*

| | CHARBON. | FRAIS. | | TOTAL. | |
|---|---|---|---|---|---|
| | *s.* | *liv.* | *s.* | *liv.* | *s.* |
| DANS la terre, le charbon est . . . . . . . . | 0 | | | | |
| Sur la mine à roche, le charbon vaut les 1200 pesant . . . . . . . . | 15 | | 15 | 1 | 10 |
| Au Port de Saint-Just, voiture . . . . . . . | | 2 | 10 | 2 | 10 |
| Du magasin au bateau, manutention ou bénéfice du Marchand . . | | 1 | | 1 | |
| De Saint-Just à Paris, voiture . . . . . . | | 10 | | 10 | |
| Le charbon, dans la main du Marchand à Paris, s'est donc élevé par les frais à vingt fois la mise. | 15 | 14 | 5 | 15 | |
| Au détail, bénéfice du Marchand . . . . . | | 4 | 10 | 4 | 10 |
| Et pour le Consommateur, à vingt-six fois la mise. | 15 | 18 | 15 | 19 | 10 |

*S'IL est avantageux d'établir les Forges sur les Mines de Charbon.*

POUR faire 24 canons de fusils de Soldat, il faut de fer en barre . . . . . . . . . . 360 *l.* pesant.
et pour les forger, . . . . . 2400 pesant de charbon ; sans égard au déchet qu'il fait dans le transport, à son grand volume et à sa divisibilité, je supposerai entre lui et le fer, parité des frais de voiture.

| | *l.* | *s.* | *d.* |
|---|---|---|---|
| A 20 *s.* le quintal, ce sera pour la voiture de charbon, . . . . . . | 24 | | |
| Et pour la voiture du fer, . . . . | 3 | 12 | |

La différence est donc comme 6 à 40.

D'où tout le monde conclura que toutes choses étant égales d'ailleurs, il sera toujours avantageux de porter le fer où est le charbon, et non le charbon où est le fer.

La voiture de la mine à la forge de S. Etienne ne peut pas être plus chere que celle du bateau sur la Seine à la forge de Paris ; ainsi ce sera sans avoir égard à ces voitures.

| | *l.* | *s.* | *d.* |
|---|---|---|---|
| A S. Etienne pour les 2400 pesant, . . | 3 | | |
| Et à Paris, . . . . . . . . . . | 39 | | |
| En divisant 3 l. par 24 canons, c'est pour chacun . . . . . . . . . . . | | 2 | 6 |
| Et à Paris . . . . . . . . . . . . | 1 | 12 | 6 |

Ainsi on peut, à cause de la différence dans le prix du charbon, donner à S. Etienne à bénéfice égal, le canon de fusil de Soldat à 1 *l.* 10 *s.* meilleur marché qu'à Paris.

C'est sûrement parce que l'on n'a pas fait de semblables calculs, qu'on a établi des forges et des fabriques ailleurs que sur les mines de charbon quand de plus fortes considérations exigé de les établir dans d'autres endroits.

*Prix du Charbon dans les principales Mines de la réserve de Saint-Etienne, et hors de ladite réserve.*

| NOMS DES MINES. | NOMS DES PROPRIÉTAIRES | Poids de la Mesure à laquelle il se vend. | Prix de la Mesure. Le Menu. | | Le Gros. | | OBSERVATION. |
|---|---|---|---|---|---|---|---|
| | Les Sieurs, | liv. | s. | d. | s. | d. | |
| La Bérandiere. | GERIN. | 98 | 3 | | 3 | 6 | J'ai fait peser le Charbon sur chaque Mine, et le prix exprimé dans cet état est celui qui avoit lieu au mois de Novembre 1787. |
| La Cumine. | DESCOT. | 120 | 3 | 3 | 4 | 6 | |
| Cotte-Chaude. | DUCLUZEL. | 105 | 2 | 6 | 4 | 6 | |
| Villards. | DE CURNIEU. | 120 | 3 | | 5 | | |
| Chavassieu. | GRANDTIENNE. | 102 | 2 | 6 | 4 | 6 | |
| Le Treuil. | JOVIN. | 220 | 5 | | 9 | | |
| | | 765 | 19 | 3 | 1 | 11 | |

La moyenne proportionnelle est pour le menu à 1 *l.* 10 *s.* les 1200 pesant.

Et pour le gros à 2 *l.* 8 *s.* le même poids.

Le poids du pays est inférieur d'un septieme au poids de marc; ainsi pour avoir le prix du poids de marc, il faut augmenter le prix du charbon d'un septieme.

FIN.

## APPROBATION DU CENSEUR ROYAL.

J'AI lu, par ordre de Mgr le Garde des Sceaux, un Manuscrit ayant pour titre : *Nouvelles Recherches sur la Population de la France, &c.* Tout ce qui concourt à développer les moyens d'atteindre de plus en plus au bien et au soulagement de l'humanité, sera toujours infiniment précieux aux yeux du Gouvernement ; sous ce point de vue, l'Ouvrage de M. MESSANCE nous paroît devoir être très-utile aux Administrateurs dans les diverses Généralités, puisqu'il leur présentera les plus sûrs moyens d'en connoître les ressources, et d'assurer la prospérité des Peuples. A Paris, ce 29 Octobre 1787. *Signé*, Le Chev. DE GAIGNE.

## *PRIVILEGE GÉNÉRAL.*

N°. 1419.

LOUIS, PAR LA GRACE DE DIEU, ROI DE FRANCE ET DE NAVARRE : A nos amés & féaux Conseillers, les Gens tenant nos Cours de Parlement, etc. : SALUT. Notre amé le sieur MESSANCE, Receveur particulier des Finances à S. Etienne en Forez, Nous a fait exposer qu'il desireroit faire imprimer et donner au Public un ouvrage intitulé : *Nouvelles Recherches sur la Population de la France, etc.* s'il Nous plaisoit lui accorder nos Lettres de Privilege pour ce nécessaires : A ces causes, voulant favorablement traiter l'Exposant, Nous lui avons permis et permettons par ces Présentes, de faire imprimer *ledit Ouvrage* autant de fois que bon lui semblera, et de le vendre, faire vendre et débiter par tout notre Royaume ; Voulons qu'il jouisse de l'effet du présent Privilege, pour lui et ses hoirs à perpétuité, pourvu qu'il ne le rétrocede à personne ; et si cependant il jugeoit à propos d'en faire une cession, l'acte qui la contiendra sera enregistré en la Chambre Syndicale de Paris, à peine de nullité, tant du Privilege que de la Cession ; et alors, par le fait seul de la Cession enregistrée, la durée du présent Privilege sera réduite à celle de la vie de l'Exposant, ou à celle de dix années, à compter de ce jour, si l'Exposant décede avant l'expiration desdites dix années ; le tout conformément aux articles IV et V de l'Arrêt du Conseil du 30 Août 1777, portant Réglement sur la durée des Privileges en Librairie. Faisons défenses à tous Imprimeurs, Libraires, et autres personnes de quelque qualité et condition qu'elles soient, d'en introduire d'impression étrangere dans aucun lieu de notre obéissance, comme aussi d'imprimer ou faire imprimer, vendre, faire vendre, débiter ni contrefaire *ledit Ouvrage*, sous quelque prétexte que ce puisse être, sans la permission expresse et par écrit dudit Exposant, ou de celui qui le représentera, à peine de saisie et de confiscation des Exemplaires contrefaits, de six mille livres d'amende, qui ne pourra être modérée, pour la premiere fois ; de pareille amende & de déchéance d'état en cas de récidive, et de tous dépens, dommages et intérêts, conformément à l'Arrêt du Conseil du 30 Août 1777, concernant les Contrefaçons. A la charge que ces Présentes seront enregistrées tout au long sur le Registre de la Communauté des Imprimeurs et Libraires de Paris, dans trois mois de la date d'icelles, etc. : qu'il en sera ensuite remis deux Exemplaires dans notre Bibliotheque publique, un dans celle de notre Château du Louvre, un dans celle de notre très-cher & féal Chevalier Chancelier de France le sieur DE MAUPEOU ; et un dans celle du sieur DE LAMOIGNON : le tout à peine de nullité des Présentes. Du contenu desquelles vous mandons et enjoignons de faire jouir ledit Exposant et ses hoirs etc. : Car tel est notre plaisir. DONNÉ à Versailles, le vingt-neuvieme jour du mois de Novembre, l'an de grace mil sept cent quatre-vingt-sept, & de notre regne le quatorzieme.

PAR LE ROI EN SON CONSEIL. *Signé*, LE BEGUE.

*Registré sur le Registre XXIII, de la Chambre Royale et Syndicale des Libraires et Imprimeurs de Paris, N°. 1419. fol. 403, conformément aux dispositions énoncées dans le présent Privilege, et à la charge de remettre à ladite Chambre les huit Exemplaires prescrits par l'Arrêt du Conseil du 16 Avril 1785. A Paris, ce 4 Décembre. 1787. Signé*, KNAPEN, Syndic.

Je cede et transporte le présent Privilege à Messieurs PERISSE FRERES, Libraires à Lyon, pour en jouir suivant nos conventions. A Lyon, le 15 Décembre 1787. *Signé*, MESSANCE.

www.ingramcontent.com/pod-product-compliance
Ingram Content Group UK Ltd.
Pitfield, Milton Keynes, MK11 3LW, UK
UKHW031912260826
14628UKWH00003B/1152

9 782019 139605